# 紫金山上梅花艳

任兮 著

河南大学出版社
·郑州·

图书在版编目（CIP）数据

紫金山上梅花艳 / 任兮著． -- 郑州：河南大学出版社，2023.1
（院士的足迹 / 刘放主编．第一辑）
ISBN 978-7-5649-5400-0

Ⅰ．①紫… Ⅱ．①任… Ⅲ．①院士－列传－南京 Ⅳ．① K826.1

中国国家版本馆 CIP 数据核字（2023）第 007101 号

| 策划编辑 | 邵培松 |
| --- | --- |
| 责任编辑 | 邵培松　仝一帆 |
| 责任校对 | 刘利晓　巩永波 |
| 装帧设计 | 高枫叶 |

| 出版发行 | 河南大学出版社 | | |
| --- | --- | --- | --- |
| | 地　址：郑州市郑东新区商务外环中华大厦 2401 号 | | |
| | 邮　编：450046 | | |
| | 电　话：0371-86163953（数字出版部） | | |
| | 　　　　0371-86059701（营销部） | | |
| | 网　址：hupress.henu.edu.cn | | |
| 印　刷 | 河南瑞之光印刷股份有限公司 | | |
| 版　次 | 2023 年 1 月第 1 版 | 印　次 | 2023 年 1 月第 1 次印刷 |
| 开　本 | 889 mm×1194 mm　1/32 | 印　张 | 5.375 |
| 字　数 | 99 千字 | 定　价 | 39.00 元 |

（本书如有印装质量问题，请与河南大学出版社联系调换。）

# 序　言

一年多前，河南大学出版社的邵培松先生告诉我，他们准备出版一套100册的"院士的足迹"丛书，主要讲述院士们的成长历程，以及他们学习、工作与生活的故事。当时就觉得，这是一个很有意义、含金量也很高的出版选题。

出版社题旨明晰具体，面向的读者群为中小学生。培养我们年轻的一代从小具有理想追求，具有见贤思齐、锐意进取意识，具有肩负起中华民族伟大复兴的情怀和担当，这需要策划者本身就具备立足当下、拥抱未来的情怀与担当。

习近平总书记指出："中国要强盛、要复兴，就一定要大力发展科学技术，努力成为世界主要科学中心和创新高地。""院士的足迹"丛书，就是中原大地上的出版人铭记总书记嘱托，并从责任和道义上自觉萌生的同频共振良好举措。这样的图书，一定有广博的资源、广阔的前景和广泛的知音。

院士是中国科学技术的高端人才，国家瑰宝。不论是中国科学院院士，还是中国工程院院士，他们都是在各自的科技领域，取得系统性、创造性重要成就的专家，为国家和人民做出了突出贡献，并都在各自的科研领域起着引领和带头的作用。在他们中间，既有华罗庚、苏步青、李四光、竺可桢、茅以升等老一代科学家的身影，又有钱学森、王淦昌、程开甲、袁隆平、钟南山等当代科学家形象。他们值得全社会敬重。学习他们，亲近他们，视他们为明星，是我们全民族，尤其是孩子们，都应具备的一种审美标准和价值取向的认同。

科学素质已经成为当代人基本素养的一个重要标志。一个民族没有全民科学素质的普遍提高，这个民族就很难建立起壮阔的高素质创新大军，难以实现科技成果快速转化。要让科技创新扎根在公众科学素质和能力不断增强的沃土中，在全社会推动形成讲科学、爱科学、学科学、用科学的良好氛围，使蕴藏在亿万人民中间的创新智慧充分释放、创新力量充分涌流，就需要拥有情怀和担当的有识之士，扎扎实实地做好具体的推动工作，包括如河南大学出版社出版的这种"院士的足迹"大型丛书。

# 序言

增强公众科学素质是一项打基础的工程,要注重科学知识的普及,要注重科学思想的传播,更要人们从审美观和价值观上,亲近爱党爱国的广大院士。他们正是以这种爱为动力,以振兴中华为己任,一步一个脚印地迈向科技高地。如果我们从娃娃抓起,在中小学学生中大力加强科学教育,加强科学人的人格人品魅力熏陶,从他们纯洁的心灵上引导自觉热爱科学、崇尚科学,并成为实现科技创新的接力和传承力量,何愁我们全民族的公众科学素质得不到充分提升?

"院士"这个题材,在出版界早已不乏开掘者;但这套大型丛书不同凡响处,就在"足迹"二字上,可谓独辟蹊径,别开生面,柳暗花明。相对于那些偏重院士成就光芒的文献型出版物,这套深入浅出、注重可读性的院士丛书重今而更重昔,用的是"倒叙"的思路和创意,溯流而上,追寻院士们一路走过的足迹,特别是他们童年、少年时代的足迹。这些深深浅浅带有童稚气的脚印,或在田埂,或在海滩,或在江边,或在山岭,或在北国,或在南疆,或深陷于穷乡僻壤的泥泞田野,或描画在富庶宅院的地板地毯……忽然想到一部《超人》的电影,超人一发力,让地球倒转,江河与时间倒流,垂垂老矣的院士们岂不是一个个都年轻起来了?青春迸发了?稚气未脱了?这多么有趣而好玩。读者与院士们瞬间消除代沟，院士们"穿越"成了孩子们拉钩搂肩的朋友、哥们儿，有着共同的话题和语言。我想，不单年轻的读者们喜欢，连返老还童的院士自身，也一定会开心不已。这套丛书，创意不凡，清新脱俗。

以地域籍贯来归类院士的标准，比较合理得当，容易使各册院士人物都拥有一种相近的乡土文化归属感。"一方水土养一方人"，读院士们的故事，也了解到了一方的风土人情，使得丛书的总体规划设计上具有条理性、科学性，人物也更接地气，便于整体上的思辨、考量和把握。

从体量上把握，给孩子们提供阅读就一定要轻松活泼，图文并茂，规避沉重和生硬说教。每册七八万字，选进七八位院士，每位院士介绍文字万字左右，选取人物最生动有趣的片段，读来好玩有味，自然而然地走进院士的生活和心灵世界，打开自己眼界，让爱科学的种子悄然播种在自己的心田。读者将来不一定都要做科学家，但爱学习、爱思考的习性，会让小读者们眉宇添聪慧，目光愈加清亮有神，从而一生获益。

另外，还有不能不提的，是本丛书的主编刘放先生，他是我二十多年的朋友，我在《姑苏晚报》开设的《滴石斋》专栏，他做了十多年的责任编辑，我对他可以说比较了解。他早年做过中学教师，后从事新闻媒体工作三十多年，是资深媒体人，与不少两院院士有过面对面的接触访谈。在他的眼中，院士的光环不会炫目遮蔽其目光，而是真实可触摸、可敬可亲可爱的人。而且，刘放涉猎宽泛，修养全面，他所编著的十数种出版物中，有小说，有散文，有诗歌，有访谈对话，有旅游文化，还有少儿读物，所以他比较适合当这类面向中小学生的大型丛书主编。我还听说，他为了这套丛书都打算提前退休，我想，他一定是认清了这套书的价值，积蓄了丰沛的激情，全力以赴。我有理由看好他。

江苏沙洲优黄的黄庭明先生慷慨赞助本项目，彰显民营企业的担当，让人感动，代表出版社、作者以及读者表示感谢。

出版社邀请我为这套100册的图书写一个总序，我乐意为之。在书前为读者号号本丛书的脉，掂掂本丛书的量，说出如是感想。

新教育实验有一个生命叙事理论，认为每个人都是自己生命故事的主人公，也是自己生命故事的作者。能不能把自己的生命故事变成一个伟大的传奇，在很大程度上取决于我们有没有为自己寻找一个生命的原型、人生的榜样。这套书中的院士，是应该可以成为青少年学生的生命原型的。所以，我也会在自己的新教育研究和推广中，适时运用和宣传这套丛书，权作为中原出版人摇旗呐喊。让我们一起为了美好的明天，不负时代，共同奋斗。

朱永新
2020年1月20日

（作者系新教育发起人、著名教育理论家，全国政协副主席，民进中央常务副主席，苏州大学博士生导师。）

# 目　录

001 // 张滂：合成奥秘的孜孜求索者

019 // 业治铮：我国海洋地质学的领航人

039 // 顾知微：探秘古生物

058 // 赵仁恺：为潜艇安上"核心脏"

078 // 查全性："倡导恢复高考第一人"

098 // 乔登江：半个世纪"核弹人"

118 // 胡和生：让数学开出灿烂花

135 // 何凤生：职业健康守护者

155 // 后记

# 张滂：
# 合成奥秘的孜孜求索者

张滂（1917—2011），出生于南京，著名有机化学家、化学教育家，1991年当选为中国科学院化学部学部委员（院士）。

有机合成是一个巨大的谜，千百年来吸引着不少专家学者去探索去破解。一种有机化合物（原料）经过一系列化学反应，转化成一种新的有机化合物（产物）。这种魔术般的变化，难怪会让人们如痴如醉地迷恋它。

北京大学教授、中国科学院院士张滂，就是千百万破解其中奥秘的一位求索者。

## 严父良师的榜样

张滂的父亲张子高，是我国近代史上最早的留美学生之一，也是我国著名的化学教育家。1886年7月14

日,张子高出生于湖北枝江一个名叫董市的临江小镇。少年时的他在武昌普通中学堂就读,这是清末名臣张之洞在湖北举办的新式学校。1909年秋,抱着"科学救国"的愿望和"问政、求学、观其光"的夙愿,张子高考取了北京清华学堂第一批庚款公费留学生,赴美留学,同时考取的有梅贻琦、胡刚复、王琎等47人。张子高先在科兴学院(Cohen Academy)学习,1911年夏考入麻省理工学院化学系,成为我国最早攻读近代化学的留学生之一,他的化学老师是当时的著名学者诺伊斯(A.A.Noyes)。诺伊斯对化学热力学造诣精深,是分析化学的理论和实验的奠基人之一。1915年,张子高毕业,被诺伊斯留在身边担任助理研究员。在他的指导下,张子高在化学热力学方面有了坚实的基础,并进行了稀有元素分离理论和实验研究工作,工作成果载于诺伊斯的重要著作《稀有元素定性分析》"钨和钽族的分析"一章中。在美国麻省理工学院学习期间,张子高还加入由留美学生组建的中国近代史上第一个科技团体——中国科学社。

虽然得到名师的器重,又有优越的研究条件,但爱国心切的张子高毕业后在诺伊斯身边工作不到一年便毅然回国,开始了他的教书生涯。从1916年9月起,张子高在南京高等师范学校(后改建为东南大学)担任化学教授。他和王琎、孙洪芬三位刚从美国留学回来的青年教授配合默契，分别担任物理化学、分析化学和有机化学的教学，较早地在国内建立起化学基础课教学的实验室，使化学教育出现了一番新的面貌和气象。也正是在此期间，张滂出生于南京，并在南京度过了自己的童年生涯。1927年，东南大学改建为中央大学，张子高离校，先后到金陵大学、浙江大学任教，并于1929年北上进入母校清华大学任教，担任化学系主任，后又担任教务长。在此期间，张子高同高崇熙、黄子卿、萨本铁、李运华、张大煜等教授协力建立起一个颇有朝气的化学系。

全面抗战爆发后，张子高携带家眷随校迁移到昆明，任教于西南联合大学。但由于妻子体弱多病而不得不返回沦陷的北平，在燕京大学任客座教授。1941年珍珠港事件爆发后，张子高又转入私立中国大学任教，兼任辅仁大学教授。抗战胜利后，清华大学复员，张子高重返清华园任教。此后，他再也没有离开清华大学，1962年10月，他担任清华大学副校长之职。

张子高教书育人数十年，为我国培育了几代化学和化工科技人才，可谓"桃李满天下"。我国著名科学家吴有训、吴学周、张江树等人都曾受其教益。在教学之余，他开展了我国化学史的研究，在1964年出版了《中国化学史稿（古代之部）》。不幸的是，由于时局的干扰，他未能完成《中国化学史稿（近代之部）》的写作。他还是著名的古墨收藏家、鉴定家，同叶恭绰、张絅伯、尹润生三位收藏家合编了《四家藏墨图录》一书。1973年，张子高将几十年来精心聚藏的近千方古墨（包括明代的一些珍品），全部捐赠给了故宫博物院。

1976年12月11日，张子高病逝于北京，享年90岁。临终之时，他立下遗嘱，将生前积蓄的人民币3.6万元交纳了最后一次党费。

对于张滂来说，张子高既是严父，亦为良师。正是在父亲的熏陶下，张滂对学习产生了浓厚的兴趣。1929年8月，张子高应聘到清华大学任教，举家迁往北平。而这时候，张滂也到了读中学的年龄了。张滂先是进入美国教会办的北平崇实中学初中学习，1934年毕业后考入堪称当时最好的中学之一的天津南开中学。1937年，张滂高中毕业，适逢卢沟桥事变爆发，北平和沿海的一些高等院校纷纷内迁。张滂考入燕京大学，就读一年后离开沦陷区，经香港、海防到达云南昆明，后进入西南联合大学化学系学习。

1942年，张滂从西南联大毕业，经推荐进入"中央研究院"化学研究所，作为吴学周教授的助理，开始了科学研究工作。吴学周的研究领域是紫外光谱，同在"中央研究院"研究有机化学的另一位研究员是黄鸣龙教授，他的研究领域是甾族化合物。从他们那里，张滂得以接触光谱和甾族这两个活跃的化学领域。在化学研究所的三年里,张滂完成了《丙酮醛的紫外光谱》和《丙酮醛的化学分析》两篇论文。

1940年,张滂在西南联大校园

1944年,第二次世界大战的局势已见明朗,英国政府向我国提供200个赴英学习的研究生名额,张滂以优异成绩被录取。1945年11月,张滂和其他学生一起取道印度到达英国。先陆路,后海路,走了一个多月。张滂回忆:"虽然非常辛苦,一点都不习惯,但是我们没有一个人打退堂鼓。因为我们是为了求知识而来的,再苦也要坚持。"在英国,张滂进入英国中部的利兹(Leeds)大学。在那里,张滂抓紧时间补习英文,补做以前由于战争在国内没有做过的一些实验,比如有机化学实验等。就这样在利兹大学待了七八个月,到了该选择学科的时候,张滂想:"我以前学的就是化学,那自然还是选化学科,虽然利兹大学也有化学系,但是我能不能找一个更好的大学念呢?"他开始在心里盘算起来。当时剑桥大学是英国最有名的大学,张滂希望能去那里继续深造,该怎么办呢?

很快,一个毛遂自荐的念头在心中生成。他当即就给剑桥大学化学系新任主任陶德(A.R.Tood)教授写了一封信,表示非常希望到剑桥大学念书。信是写了,但是张滂自己心里也没底,不知道陶德会怎么处理。正在他焦急等待的时候,陶德回信了,表示剑桥愿意接受张滂。"剑桥大学接受我,对我而言,这是个意外惊喜,但是我觉得很多时候,人还是要懂得给自己创造机会,即便不能成也没关系。"多年以后,张滂依然得意于自己当年的尝试。

1946年,张滂转学到剑桥大学化学系。当时剑桥大学化学系正集中全力从事核酸的研究,开创了有关核酸在不同领域的探索。张滂在陶德教授和利思戈(B.Lythgoe)博士的指导下,从事研究工作。1949年7月,张滂通过了博士论文的答辩,获得了博士学位。

他的论文题目是《有关糖苷的合成研究》，其中以十三步反应"从葡萄糖合成核糖"分课题，使他初步领略了什么是天然产物的合成，从而把他带入了有机合成和天然产物这个从19世纪后期开始而至今还生机蓬勃的领域。

回忆自己的留学生涯，张滂说："尽管我的学习过程中有很多有利的条件，但是我所有取得的成绩都与我自己的努力分不开。"

1949年中华人民共和国成立前夕，张滂回到了北平，进入燕京大学任教。张滂回忆："我记得是9月1日到北平的，9月5日我就去燕京大学上课了，这说明我学习学得还不坏，说上课就可以上课，当然我当时只是一个副教授。这么多年来，我一直非常享受课堂给我带来的快乐，享受研究的过程"。到了1952年，全国高等院校进行院系调整，张滂又进入北京大学化学系任教，讲授有机化学和有机合成的课程。

人，全都是为"发现"而航行的探索者。张滂以父亲为楷模，走出了一条先国内学习、再留学进修、又毅然回国的与父亲相同的求学报国之路。

## 观察、发现为他的探索提供了利器

牛顿坐在苹果树下，看到果子从树上落下，于是发现了万有引力定律。因为他善于观察，善于发现，善于领悟。而张滂同样用知识练就了"火眼金睛"，有着敏锐的观察、发现能力，在有机合成这个大海一样的迷宫里，在云遮雾障之中，往往拨云见日，不断有所发现，不断有所收获。

1953年至1957年，张滂教授同研究生们出色地完成了"5-羟基嘧啶的合成"和"5-去氧戊内醚糖苷的合成"两个系列课题的研究。前一课题的依据是嘧啶化合物在自然界广泛存在，作为核酸的两种碱基组分之一，5-羟基嘧啶的结构特征不同于其他位上的羟基，是唯一不与嘧啶氯原子发生互变异构的，它们的合成可能提供作为核酸碱基的拮抗体。后一课题则与当时新发现的抗生素链霉素有关，因为链霉素作为一个新型的二糖有一个前所未知的义链糖链霉糖，张滂的意图是最后能合成这个义链糖。在完成这两个课题过程中，合成了2，4，5-三羟基嘧啶和一对2，3-环氧-5-去氧戊呋喃苷等几个在国际上首次合成的典型化合物，并通过实验证实了一个2，3-内醚糖苷在碱存在下异构化成为更稳定的3，6-内醚糖苷。

从1962年开始，在短暂的三年中张滂领导的科研组又取得了重要的科研成果。其中包括：环氧丙-3-醇的合成，这个化合物是很少数尚未合成的三碳醇之一；维生素$B_6$的改进合成，在这一合成中还发现了一个新的1，3-

二甲氧基丙酮重排为丙酮醛二甲缩醛的反应；另外还合成了2，3-二羟丙基嘧啶，这是5-羟基嘧啶合成的扩展。

苏联生理学家巴甫洛夫有一句座右铭："细心，细心，再细心。"张滂深知，只有细心方能有所发现。他在研究中总是一丝不苟，全神贯注，不放过任何蛛丝马迹。丙酮醛二甲缩醛新的合成途径，就是这样取得的。他在从事维生素$B_6$的合成中，意外地发现所用的合成中间体1，3-二甲氧基丙酮在放置时自发地重排为丙酮醛二甲缩醛。这一事件引起了张滂的注意：一是这一重排未见于文献报道的新型反应；其次它为丙酮醛二甲缩醛提供了一个方便的合成途径。应当指出，丙酮醛和丙酮醛二甲缩醛都不是容易合成的化合物，尤其是它们的衍生物。因此，张滂设计并指导完成了3-烷基、3-取代芳基和3-酰基取代的1，3-二甲氧基丙酮三个合成方法，并证实它们均能以满意的产率重排成相应的丙酮醛二甲缩醛。

从1977年开始，北京大学化学系在胰岛素合成的基础上，进一步从事多肽的合成。当时，这个领域面临的一个问题是在多肽链增长的同时，它们在有机溶剂中的溶解度显著下降，甚至难以进行合成的操作。当时国际上出现了以水或含水混合溶剂为介质的探索。为此，张滂设想用水溶性氨基保护基和接肽试剂达到这一目的，并设计合成了带有四级铵盐的苄氧酰氯和N，N-双[三

（甲氧甲）甲基]碳二亚胺。实验证实，含有多个甲氧甲基的碳二亚胺在不同比率的水和有机溶剂的混合介质中均有良好的溶解性能，也就是说，它是一种油水双溶性的试剂。小肽的合成证明，张滂设计合成的保护基和接肽试剂都是可用的。

进入20世纪80年代，我国在天然产物的分离和鉴定方面取得了可观的进展，伴随而来的是对有机合成和天然产物相结合的关注。张滂选择的两个对象是云南微生物所发现的竹红菌素和中山大学化学系发现的柳珊瑚酸。前者是竹上共生的真菌竹红菌所产生的一种深红色苝醌色素，具有治疗妇女白化病的生理活性，国际上已报道这类醌天然产物超过10种，其中与竹红菌素结构相近的一种是弗来菌素，具有抑制蛋白致活酶的活性。当时还没有合成天然醌的途径。后者是从生长在我国南海的柳珊瑚体内分离得到的一个倍半萜，具有很强的解毒作用，在国际上受到重视。

在以竹红菌素和弗来菌素为对象的合成工作中，张滂及同事们以十九步反应完成了一个可通用的天然苝醌的全合成路线，接着又探索弗来菌素的合成和进一步合成竹红菌素。在合成的同时，还观察到多个双偶合反应，从一个萘衍生物一步反应双偶合形成苝醌衍生物。这些研究成果一经发表，便引起世界关注。

在柳珊瑚酸的合成中遇到不少的困难，然而在实验过程中，张滂和他的学生却意外地观察到一些取代的对羟基苯乙酮不与乙二醇形成常见的缩酮而是发生碳键断裂的反应。这一反应和柳珊瑚酸的合成，当前未见文献报道。

在研究生的教学培养过程中，张滂与学生们还合成了若干新型的化合物，如含氧的菁染料（一般含氮）、水溶性的氨基保护基和油水双溶性的接肽试剂等。他们在研究烯胺的酰基化反应中还发现了可能把一个脂肪酮在一步过程中转化成1-3-二酮的烯醇芳香酯；后者在稀硫酸水解时重排成1，3，5-三酮进而形成4-吡喃酮，从而提出了一个新的合成1，3，5-三酮和4-吡喃酮的方法。此外，他们还探索由英国著名的有机化学家珀金（W. H. Perkin）在一百多年前（1885年）报道的环化

张滂在学术研讨会上（1992年）

反应,这个反应一直被湮没在文献里,张滂希望知道它的究竟。

数十年来,张滂与他的团队在有机合成和天然产物的研究方面取得了显著的成绩。说起这些,张滂总是那么地谦逊。他说:"在有机合成和天然产物领域里,我从一个'学徒'起步走过了半个世纪。我深情地意识到,有机化学从天然产物取得它的素材,又通过合成发展了有机化合物的诸多反应,我充满着信心,这一领域将持续地活跃着。"

## 点燃更多的火炬

有机化学及合成的研究领域浩如烟海,有着太多的课题等待着人们去探究。18世纪中叶,瑞典以药剂师为职业的舍勒从柠檬中分离出了柠檬酸,又从糖的氧化得到草酸,从而开始了有机化学的系统研究,这使他成为首位从事天然产物的分离和有机合成的化学家,成为有机化学的奠基者之一。从那时起到现在的200多年时间里,一代又一代科学家前赴后继,在这一研究领域创造了辉煌的成就。但是,探索没有尽头,发现没有止境。有机化学和有机合成的研究需要更多的后来者去接力。

40多年来,张滂以渊博的学识,严谨的学风,教书育人，提携后进。20世纪50年代，他翻译了费塞尔夫妇合著的第三版《有机化学》，这个译作填补了我国有机化学教材的空白。1981年，他又参加教育部主办的"基础有机化学示范教学"项目，为主讲者之一。1986年8月，他还主持了全国性的有机合成专题讲座，会后在他的主持下，汇编成《有机合成进展》一书。

他的学生说："我们是慕名投到先生名下的研究生和博士后研究人员，都在北京大学有一段与先生共处的美好时光。先生给我们的一致印象是：高大、挺拔，或中式对襟，或西装革履，透着学者的儒雅、长辈的慈祥、导师的威严。我们这些学生总在背后谈论先生把英国的'绅士'风度带回了北大。"

在学生们眼中，张滂做事严谨，一丝不苟。他对自己要求严格，对研究生也是如此。比如有机合成研究中会不断出现新的反应和新的化合物，在20世纪五六十年代，尚没有质谱、红外和核磁共振技术，单晶X射线衍射更是极少用于一般有机小分子的结构鉴定，全靠官能团鉴定和制备该化合物的衍生物，再经碳、氢、氮、氧的元素分析数据来推断结构。有些研究生刚做好一种衍生物的数据就要下结论，张滂总是要求他们再做一两种来确认，以致有研究生反映老师过于苛刻了。学生唐恢同说："其实正是这种严谨的科学作风，使我们这些学子终身受益。"还有学生回忆："先生指导研究生从不假手他人,这是我们的幸运,使我们得以直接聆听先生的教诲。先生总是按计划到实验室听取每一位研究生的工作汇报,仔细了解我们的工作进展,与我们一起推敲每一个方案,并提出他的建议。"

张滂的严谨兼有细致入微的一面。唐恢同回忆:"记得有一次,一位研究生报告中的衍生物熔点范围都在0.5℃之内,张先生就找到该研究生,看他所用毛细管的粗细、填入样品的多少,然后找我讨论,说用惕勒(Thiele)管(当时有机实验室最常用的熔点测定仪)测纯净有机化合物熔点的范围应该多少度?我据实回答说,即使化合物已经相当纯净,比如已在99%以上,从理论上(相图)熔点范围应可小于0.5℃,但用惕勒管测量,即使很慢,很小心,从观察到管壁处的样品开始熔融到全部透明,也难以在0.5℃范围内完成,这是传热过程决定的,并非仅与纯度相关。张先生于是和那位研究生谈话,认为是件大事。"

张滂一生实事求是,诚实宽容。1959年初,北京大学化学系和中国科学院上海有机化学研究所一起开展牛胰岛素人工全合成研究。他是北大组的业务组长,他和研究生一起,为胰岛素合成所需的一些基础知识如氨基、羧基的保护和脱保护,小肽的序列分析方法,有关仪器的使用说明等做了不少准备工作。后来他被当作"资产阶级专家"被迫离开该项研究,甚至受到批判。

若干年后张先生谈及此事仅是莞尔一笑,并且认为这不能归咎于具体人事,从中看到了一位科学家的胸怀。学生唐恢同为此说他"很有点英国绅士风度"。

1953年全国高等院校研究生工作开始以后,张滂先后共指导过7位老师和9位研究生。1977年实行学位制度以后,他又指导过6位博士生和11位硕士生。在张滂的精心教授下,这些学生在不同的工作岗位上从事着有机合成的教学和研究工作,做出了不少创造性的成果,很多已成为业务骨干,有的已成为学术带头人。

赵晨,北京大学化学系1977级本科生。在获得硕士学位以后在张滂指导下取得博士学位,随后赴美国波士顿学院,在T.Ross Kelly教授指导下做博士后。Kelly教

北京大学化学学科创立100周年时老先生们合影。左六为张滂

授曾致信张滂,说像赵晨这样的学生,你推荐多少我都要。Kelly教授平时很少夸奖学生,但提起赵晨却多次用"Excellent"一词。后来赵晨加入著名的芝加哥雅培制药公司(Abbott Laboratories)并迅速成为其中的中坚力量。她参与合成的HIV-1蛋白酶抑制剂Ritonavir(利托拉韦),即治疗艾滋病的著名"鸡尾酒疗法"(学名高效抗逆转录病毒治疗)的经典成分之一。它是通过3种或3种以上抗病毒药物的联合给药来治疗艾滋病,在艾滋病毒刚侵入人体时服用,不等发病即可迅速起效,阻止病毒的破坏可达数年以上。该药可以减少单一用药产生的耐药性,最大限度地抑制病毒复制,使被破坏的机体免疫功能部分甚至全部恢复,现今已经成为一线药物,挽救了无数艾滋病患者的生命,在全球的年销售额超过15亿美元。为此赵晨和其他8位化学家一起获得了1997年度美国全国发明奖。

利群,同样是1986年在张滂指导下取得硕士、博士学位后赴波士顿学院的,后也在Kelly教授指导下做博士后,然后去雅培制药公司工作。利群在雅培任公司医药产品部的资深主管、高级研究员,是雅培威望很高的Volwiler(沃尔韦勒)荣誉学会的会员。利群从事的工作主要与抗肿瘤、抗感染和代谢的药物相关,即研究与疾病相关的生化过程的酶的抑制剂,如抗肿瘤Akt激酶抑制剂、Chki激酶肿瘤抑制剂、有丝分裂抑制剂（抗肿瘤）、法尼基转移酶肿瘤抑制剂、新颖环状硼烷丙型肝炎病毒抑制剂、乙酰辅酶A羧化酶（Acc）抑制剂及其在糖尿病、肥胖和代谢综合征中的应用等。2007年夏，利群回国工作，在尚华集团上海睿智化学/开拓者化学研究有限公司任药物化学副总裁、首席科学官，培养了一支近200人的高素质研发团队，并将国外药物开发的先进经验带回国内，成功引入数十个国际研发伙伴，促进了国内西药的自主开发。

马振坤，系1984至1987年张滂指导的研究生，后就读于美国康涅狄格大学化学系，导师James M. Bobbitt。该系有许多来自不同国家和地区的研究生，Bobbitt教授认为马振坤是其中最好的学生之一。马振坤后来也在Kelly教授指导下做博士后，也进入雅培实验室，从事和领导抗感染抗生素新药的研发工作，曾发明新药赛红霉素并获得发明主席奖。该药是一种具有抗耐多药性病菌活性的大环内酯，在许多细菌都对抗生素有耐受性的今天，赛红霉素的重要性显而易见。2004年以后，马振坤加入世界结核病新药研发联盟，领导抗结核病新药的研发工作，是该联盟核心成员之一。

爱尔兰作家萧伯纳说过："人生不是一支短短的蜡烛，而是一支由我们暂时拿着的火炬，我们一定要把它燃得十分光明灿烂，然后交给下一代的人们。"张滂手里举着的确实是火炬——一支熊熊燃烧的火炬，点亮了下一代人们手中的火把。

# 业治铮：
# 我国海洋地质学的领航人

业治铮（1918—2003），出生于江苏南京。沉积学家、海洋地质学家，1980年当选为中国科学院学部委员（院士），1998年获得何梁何利基金科学与进步奖。

2004年11月20日，在山东省乳山港，12响礼炮轰鸣，彩旗飞舞，业治铮号海洋地质科学考察船正式交付

**业治铮号地质科考船**

青岛海洋地质研究所。蓝天之下，海洋之上，橘红色的船体上，"业治铮"3个白色大字醒目耀眼，船尾的钻塔和白色的A字形龙门架成为海洋地质科学考察船特有的标志。这是我国第一艘以科学家命名的科考船。随着科考船起锚离港，驶入无边的海洋，业治铮一生的海洋地质梦想就这样被延续下来，驶向更加广阔的未来。

## 位卑未敢忘忧国

1949年底，人民解放军势如破竹，东北、华北先后解放，海内外学子奔走相告。远在美国密苏里哥伦比亚大学求学的业治铮听到这个消息，高兴地把大儿子抱着转了一个圈，搂在怀里。"祖国解放了，祖国终于解放了。"业治铮一遍又一遍地重复着这句话，泪水止不住地从眼角流了下来。突然，业治铮好像想到了什么，大步跑向了导师的办公室。

"治铮，我明白你现在的心情。但是，如果你回到中国，就相当于放弃了我给你在美国铺的大好前程啊。中国现在刚刚解放，什么都没有，在科研方面和美国的差距很大。而且孩子们在美国生活学习会比在中国更好。你要好好考虑啊。"导师凯勒知道学生的来意。

在和煦的阳光下，窗外的梧桐树叶沙沙作响。导师看了看窗外，语重心长地继续说："趁美国驻上海大使馆尚未撤退,我帮你举家迁居美国。"

"导师,我知道你是为我好。但我是一名中国人,祖国现在需要我,我怎么能只想到自己。我要回国。"业治铮坚决说道。

"那祝你好运,我最优秀的学生。"望着业治铮的背影,导师眼里充满了不舍。

1950年3月,业治铮毅然放弃了即将结束的博士学位的学习,婉拒了导师提出的举家移居美国的邀请,带着导师临别时赠送的有关黏土矿物文献资料和一套标准样品,先乘船抵香港,又绕道塘沽,于年底安抵北京,回到祖国的怀抱。

1949年冬,留学期间的业治铮

业治铮，生长在一个破落的商人家庭。幼年清贫的生活，给他打下了一生随和、忠厚、朴实的烙印。1937年，业治铮毕业于江苏省立南京中学，考入中央大学地质系。为什么选择地质系呢？少年的业治铮的想法非常朴素："要振兴祖国必须有丰富的资源条件，搞地质学既可周游全国各地，又可为寻找矿产做出贡献。"不久，全面抗战爆发，中央大学内迁，作为学生的业治铮离开家人去往重庆，靠助学金维持生活。对于那段学生岁月，他有简短的回忆："我在中学时代数理基础不太好，地质系课程又松，于是我选学大部分化学课程和旁听翁文灏教授的地球物理课程，这些都为日后扩大视野提供保障。在学习期间正值许多研究机构迁往重庆，朱森教授虽研究古生物学，可是他野外工作特别扎实，由他率领我们到北碚附近进行野外实习，一整套的野外工作方法和严格的野外工作要求，使我开始明确地质工作者进行野外工作的重要性，日后重视野外实践的观念深深扎入脑海。"

进行地质考察，不仅意味着可以周游全国各地，还意味着风餐露宿的艰苦生活和随时面临的危险。1941年，业治铮大学毕业，到云南昭通经济部资源委员会西南矿产测勘处任实习技术员，随后升任助理工程师。不久，他跟随老一辈的工程人员开展滇东北地质调查和第四纪冰川研究。第二年，经东川渡金沙江抵西昌地区，调查攀枝花、泸沽等地的铁矿和力马河镍矿。那个时候川滇边陲汉彝杂居，土匪猖獗，治安混乱。所到之处多为不毛之地，工作极为困难。调查结束后，他们写了比较系统的地质构造和矿产资源著作，这是我国地质调查早期的重要文献。1944年，业治铮回到中央大学地质系任助教。1946年，业治铮获美国路易斯安那州立大学资助赴美深造，师从R. J. 鲁塞尔（Russed）研究现代沉积、地下测井及石油地质。该校下设的河口海岸研究所正在进行近岸海洋地质调查，当时业治铮在学习之余参与了调查，掌握了一定的海洋地质学知识，无意间对他日后从事海洋地质学的研究产生了深远影响。1947年2月，业治铮转赴密苏里哥伦比亚大学，师从W.D.凯勒（Keller）学习沉积岩石学。第二年，业治铮获硕士学位，并成为美国矿物学会会员，继续跟随凯勒攻读博士学位，研究黏土矿物。

中华人民共和国成立之后，他怀着满腔爱国热情、赤子之心，毅然舍弃了优裕的生活和工作条件，几经周折回到祖国。

对于当年回国之举动，业治铮长子业渝光说："一切都是自然而然。"他说，父亲回国之前，家里似乎从来没有因为移民国外还是留居国内展开过讨论；父亲回国之后，也没有因为工作的频繁调动而引发争论。这一切对于父亲来说，都是不需要选择的。为国效力，建设祖国，这是他出国之前的誓言，也是他后来始终坚守的信念。

熟识业治铮的人都说，他是一个不爱聊天的人。在单位，惜字如金；在家里，也不多话。据业渝光回忆，父亲很少跟孩子们闲谈，当然也不会严厉管教，更不会限制孩子们的自由发展。但这位在生活中看似很"冷"的院士却有着一颗火热的爱国心。

## 喜看桃李满天下

位于东北的长春地质专科学校（今吉林大学地球科学学院），是我国第一所培养地质人才的专科院校。新中国成立之初，百废待兴，工业建设急需矿产资源，但面临地质人才匮乏的现状，地质专业人员不过200余人。国家有关部门决定创办长春地质专科学校，业治铮成为理想的教师人选。

此时的业治铮，正在中国科学院地质研究所任副研究员。1950年夏，他被调往东北北部地质调查队，与喻德渊等地质专家一起在鸡西、双鸭等地进行煤田和沙金地质调查。不久，他又奉命开展了兰州阿干镇煤田调查。辗转多地，栉风沐雨，业治铮无怨无悔。这些煤田在第一个五年计划期间先后投产，对我国工业基本建设发挥了重要作用。对于那次调动，日后业治铮如此回忆："当时我正在组装国内第一台差热分析仪,并在南京矿产专科学校首次开设沉积岩课程,党代表高之秋先生晚间突然来到我家,劝我去东北协助喻德渊先生筹建长春地质专科学校。"

对高之秋先生的邀请,业治铮欣然同意,当即携眷离开南京奔赴长春。1951年11月该校成立,由李四光兼任校长,喻德渊任副校长,业治铮任教务长。次年,全国高等院系调整,学校改建为长春地质学院。业治铮继续担任教务长,后来又兼岩石教研室主任,还先后兼任地球物理勘探系主任和石油海洋地质系主任。

面对百事待举的新学院,坐在办公室的业治铮明白自己身上的担子有多重——每一个在这里毕业的学生,都会接到祖国给的任务,参与到新中国的建设中。

学院草创之初,师资不足,业治铮不敢有一丝丝的懈怠,一边从事教学管理工作,一边亲自执教。从教学计划、教学秩序、专业培养目标到课程教学大纲,无论大事小事,他都事必躬亲。从早上到晚上,他不是在办公室处理事情,就是在教室里和老师学生们一起探讨问题。他就像是一个上了发条的闹钟,持续狂热地工作着。

取人之长,补己之短。因为有国外求学的经历,业治铮充分借鉴国外地质学教育的经验,将其应用在地质学院管理教学工作中,使该校在短短几年中形成了具有特色的教学体系。在学习国外经验上,业治铮说:"我们要以主张博采众长、为我所用的态度,去对待学习外国经验。"当时毕业被分配到长春地质学院任助教的何起祥回忆当年的情况,说:"先生在这一时期的科学实践是与地球科学的巨大变革息息相通的。先生大胆引入西方的学术思想,在当时苏联的地球科学观一家独尊的科学政治环境中,没有过人的胆略和高度的科学责任感是很难办到的。"由于在路易斯安那州学过海洋知识,业治铮一直很关注海洋地质研究进展。此时又恰逢修订、补充国家十年科学规划,他多次提出要重视海洋地质研究,终被引起了重视。正是在他的倡议下,长春地质学院在1960年创办了我国第一个海洋地质学专业。

无论对学生还是年轻的同事,业治铮堪称为人师表。对于这一点,何起祥颇有感触。在他的回忆里,1960年底,业治铮任教务长兼石油海洋地质系主任,自己仅是一个在基层工作的助教,开始两人并没有太多交流。直到1962年,石油海洋地质系被精简下马,何起祥留在沉积岩教研室执教。有一天,他正在教研室读一本英文专业刊物,被业治铮撞见。业治铮大为吃惊,因为当时能读懂英文文献的人很少。虽然他只不过是凭借中学积累的一点英文知识,粗略地了解西方的地球科学知识,但业治铮很是欣慰,不仅告知他很多做学问的方法,并且定期地为他列出书单。

业治铮家里狭小的书房，是何起祥至今怀念的地方。白天各自忙学校的工作，夜晚就成了他们两人思想碰撞的时间。何起祥按照业治铮的书单，将书中观点摘录成卡片或做成笔记，甚至写成专题的读书报告，和业治铮探讨书中的观点。而每一份报告，业治铮都仔细修改，对其中的纰漏一一指正。1964年，业治铮与何起祥、孟祥化联名发表了《石灰岩的结构-成因分类》一文，提出了中国第一个基于机械沉积作用的石灰岩分类方案。

这样一幕挑灯夜读的场景，也成了儿子业渝光小时候最深的记忆。他说："父亲白天上班，晚上就会钻进书房，对面坐着来访的客人，两个人不时地讨论问题，时而热烈，时而安静。虽然他听不懂讨论的内容，但是在那样的时光里，父亲面带满意又满足的笑容，生活积极又充足。"

1963年，海洋地质研究所在南京成立。业治铮再次听从组织的安排，携眷南下，担任副所长（第二年任所长）。海洋地质研究所的任务是开展以油气为主的浅海矿产资源、海岸带的地质地貌，以及陆架沉积和近海地质调查，并逐步创造条件，开展远洋调查，发展我国的海洋地质科学。当时，中国海域的地质研究几近空白，业治铮明确指出：这些任务要统筹兼顾，以石油为主，兼顾学科发展；在工作布置上由陆及海，由浅入深，循序渐进，既要有远大抱负，又不能急于求成。非学无以广才，非志无以成学。要办好研究所，必须先从育人做起。为了及时掌握国外先进的海洋研究成果，业治铮规定每个科研人员必须外语过关。多年以后，业治铮自豪地回忆："那时的海洋地质研究所，清晨书声琅琅，入夜灯火通明，刻苦钻研蔚然成风，而我则以身作则，增强全所职工的信心。"

"志之所趋，无远弗届，穷山距海，不能限也；志之所向，无坚不入，锐兵精甲，不能御也。"1966年，"文化大革命"浪潮席卷中华大地，从而结束了海洋地质研究所的黄金时代，业治铮的建所思想受到批判。1969年，南京海洋地质研究所撤销建置，南迁湛江，更名地质部第二海洋地质大队。业治铮等几位主要技术干部受命留南京，"暂寄"在南京地质矿产研究所。

风雨过后，终会有彩虹出现。1978年，国家决定在青岛重建海洋地质研究所。翌年，身为地质部南京地矿所所长的业治铮兼任该所所长，重新挑起了发展我国海洋地质事业的重担并努力参加科研实践。在他的精心指导下，海洋地质所的科研工作取得了长足进展。在海底资源研究方面，突出油气盆地分析与资源评价，同时开展滨海砂矿和远洋锰结核的调查；在海岸的调查和治理方面，突出三角洲沉积作用及综合治理；在近海海洋地质过程的研究方面，突出生物礁的沉积地质学；在方法手段方面，以发展海洋测试技术建立自己的特色。同时，作为中国海洋地质界的主要领路人，他还多次参加制定全国海洋地质发展规划，推动和组织大型海洋地质项目的实施。他的科研生命再次焕发出了生机。

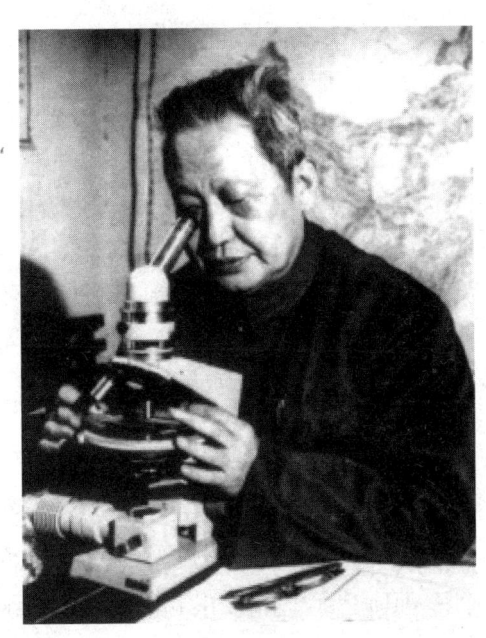

1986年，在做鉴定的业治铮

1980年8月，原地质部召开海洋地质工作会议，年过花甲的业治铮在会议上纵论世界海洋地质形势，献言中国海洋地质大计。之后，他还发表《在古海洋学术讨论会上的闭幕词》《浅谈海洋地质资源的研究和开发问题》《关于加强海洋地质工作的几点意见》，特别在

《关于加强海洋地质工作的几点意见》中他具体提出了八条建议，可以说这是此后相当长时间内我国海洋地质工作的指导方针。

## 不畏浮云遮望眼

"不畏浮云遮望眼，自缘身在最高层。"业治铮是一位有战略眼光的地质学者。早在20世纪50年代，他便预言未来是海洋的世纪。有人说，业治铮首先是一位具有前瞻意识的预言家。何起祥非常赞同这样的评价。

在20世纪五六十年代，为解决国家急需，他参加了当时找煤、找金等地质矿产调查工作，分别与同事发表了一系列有关地质调查的学术论文。《松江省桦南县鸵腰区含金砂砾之机械分析和矿物分析》一文，是用沉积学方法研究冰碛矿床的一个范例。《华北铝土矿的特征与成因》，全面阐述了华北及东北南部铝土矿的分布，分析了铝土矿沉积与古地理的关系，从而得出矿产预测的宝贵结论。《东北地区的找磷方向与方法》一文，指出了东北地区很多时代地层都有含磷显示，然而最有价值者是前震旦纪的沉积变质磷矿，主要是麻山群上部石厂组的"石厂型"和辽河群下部珍珠门组的"板石沟型"。文章对于找磷方法具有很大的指导意义，全面提出了自然电场法、对称四极法、联合剖面法（磁法）之综合运用。

20世纪60年代初，国家开始酝酿开展海洋地质调查工作。业治铮查阅大量文献，在1962年写成评述性论文《某些海洋地质现代概念及其有关的地质学基本问题》，涉猎当时海洋地质学诸多前沿问题，详述了诸如现代海洋沉积与混浊流作用、海底地形、大洋盆地的结构和沉积厚度、大洋的成因、大陆的形成与地槽的发育等重大问题。这篇文章可以认为是向我国地质学界介绍海洋地质理论甚至板块学说最早的文献资料，为我国海洋地质科学的起步做了理论奠基和舆论准备工作。

碳酸盐岩是沉积岩的三大盐岩之一，曾被认为是一种化学沉积。第二次世界大战以后，大量碳酸盐岩油气藏的发现，要求科学家重新揭示它的成因、相序和空间分布规律。20世纪50年代，美国的研究机构和石油公司先后在巴哈马、波斯湾和大盐湖等地开展碳酸盐岩现代沉积作用的研究，取得了一批重要成果。研究证明，碳酸盐岩颗粒从海水中析出虽属化学或生物化学过程，但一旦从海水中析出，就要受到水动力的制约，服从于机械分异作用的规律。1959年福克（Folk）提出新的碳酸盐岩分类，彻底改变了人们对碳酸盐岩和碳酸盐岩沉积作用的认识。凭借深厚的学术功底，业治铮敏感地意识到这一发现的划时代意义。他闻风而动，立即组织力量开展古相碳酸盐岩沉积作用的研究，在燕山和辽东等地的震旦系地层中搜集了大量碳酸盐颗粒机械沉积作用的证据。他的这一研究，在国内首创碳酸盐岩结构成因分类，扭转碳酸盐岩系单纯化学沉积的传统观念，并提出了识别碳酸盐岩粒屑结构的一整套方法。1964年，他与何起祥、孟祥化联名发表了《石灰岩的结构-成因分类》，这是国内第一个按照新的观点和新的理论体系设计的石灰岩成因分类，从此改变了学术界固有的化学沉积分类模式，打造了国内首个基于机械沉积作用的石灰岩分类方案。

  与此同时，业治铮又开始了燕山震旦系叠层石的研究。叠层石是石灰岩中常见的一种沉积构造，在震旦系地层中十分广泛，是蓝绿藻生物沉积作用的一种产物。以前，学界普遍认为叠层石是一种生物构造，其形态取决于藻类的属种，因此可以用作化石进行地层的划分和对比。20世纪50年代，研究人员在波斯湾、大盐湖等地发现了大量的现代叠层石，主要产于潮坪环境，是一种受环境尤其是水动力环境控制的生物化学沉积构造。业治铮等根据现代沉积的研究成果，从时空关系重新研究燕山东段、吉林通化和辽东旅大等地震旦系地层中的叠层石。1965年，他与何起祥等同事发表《震旦纪藻碳酸盐岩石的沉积作用》一文，系统地叙述了我国北方震旦系叠层石的组构特征、物质组成、分类方案、韵律组合及沉积作用和形成条件，明确指出藻碳酸盐岩的叠层构造是一种指相沉积构造。这些研究成果在国内属首创，在国际上亦居前列，对于沉积动力学环境和海平面变化的研究具有重要的指相意义，有效指导了后来的海洋油气勘探。

自从板块理论问世以来，板块俯冲边缘的构造演化和沉积历史备受关注。业治铮又带领课题组成员对从冲绳海槽带回的样品进行了整理和分析，首次总结了冲绳海槽晚更新世沉积物的沉积机制，纠正了长期以来对西沙群岛灰岩海相成因的认识。同时，对生物源、火山源和浊流作用的基本特征的研究也取得了突破性的成果。1983年，业治铮与同事张明书等发表了《冲绳海槽晚更新世——全新世沉积物的初步研究》，根据富含生物的半深海钙质软泥、火山碎屑沉积、凝灰质软泥、浊流沉

1983年，业治铮在西沙群岛进行野外考察

积物等的共生特征，论证了这一深海槽的沉积格局与地质构造的关系，为后来中国东海油气田的突破和太平洋多金属锰结核调查的成功起到了铺路奠基的作用。

此后，业治铮的研究领域转向南海新生代的生物礁沉积。在他的领导下，海洋地质研究所在西沙群岛的琛航、永兴、石岛钻井3口，获取岩芯1800余米。年逾花甲的业治铮身先士卒，带领年轻人三赴西沙群岛考察，解剖西沙现代礁沉积相机理。岛上的研究条件极其艰苦，潮湿闷热，大风大浪，但他像年轻人一样工作，和当地驻军同吃同住，走遍了西沙群岛10多个岛礁。历代研究者对它的成因有各种不同的解释。业治铮等根据沉积构造及其纵向序列，结合周边地区的古气候和古环境资料，首次提出这是珊瑚碎屑在季风作用下堆积而成的一套风成沉积物。他们找到了风成沉积中常见的古土壤层和标志着古土壤化的陆生蜗牛化石，仔细地观察了沙丘和丘间沉积构造，将其划分为三级界面，建立了石岛风成砂屑灰岩的沉积模式，进行了古季风的风向分析，开展了年代学测定和碳、氧稳定同位素分析，确定了这套风成沉积物的形成时代，纠正了长期以来对西沙群岛灰岩海相成因的认识，首次提出晚更新世风成砂屑灰岩及古土壤层沉积序列和相模式，重建了西沙海域晚更新世的气候变化历史和岛屿发育过程，填补了我国滨岸风沙沉积的空白，对我国生物礁沉积学和挽近地质历史时期古气候学研究做出了重要贡献。他竭力主张把南海生物礁沉积作用纳入全球气候及海平面变化的总框架加以考察，从中总结沉积物的时空分布的规律。他和同事发表了《西沙石岛风成石灰岩和化石土壤的发现及其意义》《西沙石岛晚更新世风成生物砂屑灰岩的沉积构造和相模式》《西沙群岛岛屿类型划分及其特征的研究》等论文。

在业治铮看来，海洋地质的勘探在研究中国海的形成与演化历程的同时，还必须始终为寻找油气资源服务。20世纪80年代中后期，他先后发表了《中国的近海石油资源》《中国海洋地质学的进展》《中国海洋地质调查研究进展概况》等专著和一系列论文，更加详尽地论述了中国近海石油盆地构造、油气前景，并规划了中国现代海洋地质的研究方向，诸如海岸带调查、三角洲沉积地质、浅海沉积学、深海沉积物、礁碳酸盐沉积物以及滨外油气藏、海岸砂矿、深海锰结核等。为了把西沙现代生物礁沉积的研究成果应用于古相沉积物并进一步为油气勘探服务，业治铮主持了国家自然科学基金项目"生物礁碳酸盐岩比较沉积学研究"。

1987年，年已古稀的业治铮又带领课题组赴川东崇山峻岭中考察海相礁灰岩。他将西沙的研究成果用于四川二叠纪古相生物礁，以促进生物礁油气藏的调查和勘探，对川东鄂西生物礁的成因类型及其与上升流的关系做出了新的解释,并提出受限陆表海突发型海侵海退模式,解释了许多长期悬而未决的沉积学现象。20世纪90年代,他与研究生完成并于1996年正式出版了《皖赣鄂寒武、奥陶纪古斜坡沉积学和比较沉积学研究》,这是我国比较沉积学理论与实践方面的重大突破。1993年,他与他人出版了专著《长江中下游威宁期沉积地质与块状硫化物矿床》,首次将含水层成矿模式应用于本区,把本区层状矿床的研究又向前推进了一步。

这时,古海洋学正在国际上兴起。传统的岩相古地理研究,从方法学的角度来说,实质上与地质填图无异,只是地质现象或沉积地质体空间分布的素描或照片,并不反映沉积环境的真正的历史面貌。消亡的海洋和海陆的历史位置在图上无法反映。古海洋学的研究是从活动论的理论和方法重新观察区域沉积史,排除地壳大规模位移的因素,恢复历史的本来面貌。开展古海洋学研究,不仅是地球科学发展的需要,而且势必将地质找矿工作推上一个新的台阶。业治铮有感于此,与同济大学汪品先院士等人主持中国南海第四纪古海洋学事件及其环境后果的研究,完成了《南海晚第四纪古海洋学研究》,开了我国古海洋学研究的先河。此外,他还积极参与并完成了《长江三角洲沉积地质学》《珠江三角洲沉积地质学》《黄河三角洲沉积地质学》多部经典专著的编撰,把这一领域的研究提高到一个新的高度。

业治铮始终认为，海洋是一个大宝藏，人们应该积极探索海洋的奥秘。在1980年8月中旬的海洋地质工作会议上，业治铮就预言："从科学整体来说，海洋地质和陆地地质差不多，但有它的特殊性。海洋地质搞不清楚，整个地质科学就得不到发展。海底有丰富的矿产资源，海洋里还有丰富的生物资源，也是交通运输工具和国际斗争的重要场所，在国民经济、国防和科研上都有重要意义。"当20世纪50年代他提出海洋有石油的时候，曾遭到很多人的反对。大家认为陆地石油还搞不清楚，搞海上石油探索是个笑话。时至今日，面对日益加剧的海洋资源争夺，我们不得不佩服业治铮的前瞻力，感激他当初对于海洋地质研究的奔走呼吁。几十年来，我国海洋地质事业从无到有，蓬勃发展，中国海洋油气

1990年，业治铮在学术会议上做报告

事业蒸蒸日上，真正实现了"立足中国海、放眼四大洋、登上南极洲"的宏伟理想。抚今追昔，我们不得不感念业治铮为开辟中国海洋事业所做出的贡献。

# 顾知微：
# 探秘古生物

顾知微（1918—2011），地层古生物学家，1980年当选为中国科学院学部委员（院士）。

## 一

一亿两千万年前的中生代晚期，世界大多数地方还是海洋，而亚洲东部地区已抬升为陆地。在我国今天的河北北部、辽宁西部和内蒙古东南部一带，淡水湖泊星罗棋布，气候湿润，充满着勃勃生机。各种苏铁类、银杏类、松柏类的裸子植物高大茂盛，高等开花被子植物也开始出现。陆地上，翼龙、恐龙及原始鸟类迅速进化，五尖张和兽、金氏热河兽等原始哺乳动物大量繁衍；湖泊中，狼鳍鱼、软骨硬鳞鲟鱼来回穿梭；湖畔沼泽中，螈、蟾、龟、鳄等两栖类、爬行类动物四处游走，形成了一个完整的生物链结构。

以上美丽的自然面貌和生物演化图景，是自20世纪二三十年代起至今近一百年间几代科学家通过对化石的"解读"还原出来的。在这些科学家中，顾知微无疑做出了重大贡献。

对于我国北方中生代地层和生物的研究，始于20世纪20年代。1923年，在华工作的美国地质学家A. W. 葛利普（Grabau）在其出版的《中国地质学》一书中，将当时热河省凌源县（今辽宁省凌源市）附近含化石的地层命名为"热河系"（Jehol Series）。1928年，他又提出了"热河动物群"（Jehol Fauna）的概念，专指这一地层中动物化石组合。葛利普，1901年任哥伦比亚大学教授，1920年应聘到中国，任农商部地质调查所古生物室主任，兼北京大学地质系古生物学教授，1929年任"中央研究院"地质研究所通信研究员，1934年任北京大学地质系主任。葛利普是一专多能的地质学家，把自己的后半生完全贡献给了中国古生物学、地层学奠基的伟大事业。

直到20世纪60年代，中国地质学家才开始对这一地区的地层古生物进行研究。到了1962年，顾知微出版经典论著《中国的侏罗系和白垩系》，发展了葛利普的"热河系"和"热河动物群"，建立了"热河生物群"，并认为代表性化石属种包括东方叶肢介、三尾拟蜉蝣、戴氏狼鳍鱼。

"热河系""热河动物群""热河生物群"命名中的"热河"之称，得名于化石群的集中产地，地处当时的热河省。1955年，热河省被撤销，但是，"热河生物群"这一在地质古生物学界具有深刻影响的名称仍然保留着。

自此，热河生物群的研究一直没有中断过，不断有新的发现。地质学家把5.4亿年前到现在的这一段地球历史划分为古生代（距今5.4亿—2.5亿年）、中生代（距今2.5亿—0.66亿年）和新生代（0.66亿年至今）。它们代表了地球上的生物进化穿越"古老阶段"，经过"中间阶段"再到"新生阶段"的演替过程。热河生物群属于中生代，因此是一个既充满生气又承前启后的生物群。至今，在这里已经陆续发现了20余个门类、数以千计的精美古生物化石，化石的生成时间跨越了约1800万年。化石分布之广、数量之大、种类之多、保存之好、信息之全轰动了世界。特别是以保存许多生物的软体组织特征而闻名于世，包括恐龙、鸟类、翼龙和哺乳动物中发现的羽毛、毛状物和毛发，以及许多生物中都保存的软组织结构如皮肤印痕、软骨结构、角质喙等。热河生物群被称为"20世纪全球最重要的古生物发现之一"，是世界级的化石宝库。特别是这里拥有世界独一无二的带毛恐龙和丰富的原始鸟类化石，使得这一地区成为研究鸟类起源的圣地。

顾氏小盗龙化石

　　提起恐龙，人们脑海中闪现的第一印象，自然是比我们高出好几倍的庞然大物。它们浑身长着鳞片，有着冷酷的外表，凶猛残忍。谁会想到，这种习惯认识中的恐龙形象竟并不全面。在辽西，就出土了一枚微型恐龙化石标本。这个小小个头的恐龙，差不多是同类中最矮小的了，只有七八十厘米，却格外漂亮，全身上下包括四肢都披着靓丽的羽毛。尾巴更是特别，毛乎乎的像把大蒲扇，几乎占了整个身体的一半。别看它个头不大，却极其凶猛残忍，经常趁别的大鸟没在"家"时，偷偷捕食幼鸟，为此被冠以"小盗龙"的名号。小盗龙挺聪明的，它不用腿走而是靠滑翔，从一棵树滑到另一棵树上，就像今天的鼯鼠那样。小盗龙不仅前肢羽化为翼，其后肢也羽化为翼，这种形态还没有在当时其他脊椎动物当中发现,是已知第一批会飞的恐龙。

为了纪念"热河生物群"的命名人顾知微,现在科学家们都叫它"顾氏小盗龙",以示纪念。

## 二

顾知微,1918年5月出生于南京的一户书香世家。他早年生活坎坷,3岁丧母,13岁丧父,生活多靠亲戚接济。1931年,顾知微小学毕业,因成绩优异被保送进入江苏省立南京中学(现江苏省宁海中学)初中部,三年后考入南京中学高中部。1936年,学校因爆发学生运动而被解散,并被整体迁往镇江改建成省立镇江中学,顾知微随校去往镇江就读。

1937年,顾知微中学毕业,考入湖南大学工学院矿冶工程系,第二年又考取西南联合大学地质地理气象学系,选读地质专业。1942年7月,顾知微从西南联大毕业,获理学士学位。在他求学的这个时期,西南联大先后有七个班次的学生毕业,学生人数总计在160人左右,而地质组的教师人数大约为20位。所以教师与学生的比例大约是1∶8,也就是说一位教师平均只带8名学生,这和新中国成立后地质学院的师生比例相比有着天壤之别,这也是西南联大时代教学质量较高的重要原因之一。

西南联大的学术氛围十分浓厚。除了正常的教学以外，经常邀请校内外的学者做学术讲座。例如谢家荣做过中国锡矿床的报告，朱庭祜做过关于中国西南盐矿的报告，王宠佑做过中国钨锑矿的报告，杨钟健做过周口店洞穴层与北京猿人的报告，王竹泉做过中国煤田地质的报告等。系里的教授做的学术报告更多：孙云铸做过中国地层、中外地质文献和欧美各大学地质系概况等报告，王烈做过中国地质教育史的报告，冯景兰做过西康地质考察、康东铜矿地质的报告，袁复礼做过西康构造地质的报告，米士做过澄江地质、滇西大理及丽江地质、喜马拉雅山探险等报告。

西南联大地学系地质专业的学生，日后大多从事地质工作，分布在地质学的各个领域，如生物学、地层学、构造地质学、第四纪地质学、岩石学、矿物学、矿床学、石油地质学、煤田地质学、地震地质学、工程地质学以及水文地质学等，他们为推动中国地质事业的发展做出了重要贡献。其中当选为中国科学院院士的就有20多位，除了顾知微，还有陈梦熊、张炳熹、董申保等人，还有当时已经担任教师的卢衍豪、郭文魁、王鸿祯、宋叔和等人。

对于在西南联大的学习生涯，顾知微日后如此回忆："20世纪上半叶，世界各发达国家的地质学家、古生物学家，已从各个方面对非海相和陆相地层进行了研究,而这些研究在我国则刚刚起步。大学的学习使我扩展了视野,看到了国内在这一学科与国际的差距,引起了对国内地质、古生物学研究方向的思考。这些导致了我日后由研究海相地层古生物转而研究非海相地层古生物,也使我进一步认识到我国在中生代陆相地层古生物方面的研究比较落后。"

顾知微在西南联大的注册证

1942年,顾知微从西南联大毕业,毕业论文题目为《滇东婆兮泥盆纪地层》。经教授孙云铸推荐,顾知微进入云南地质矿产调查所工作,从事昆明附近地质矿产调查,继续研究云南泥盆纪地层与古生物,在滇东婆兮、华宁、弥勒和川北江油观雾山等地进行补充调查和化石采集，写成《滇东婆兮区泥盆纪地层并讨论泥盆系含鱼层之层位》一文。1944年，顾知微又进入内迁重庆北碚的中央地质调查所，做石油和工程地质调查。当年，他参与川北江油海棠铺区的石油地质调查，与他人合作完成《四川江油海棠铺区石油地质调查报告》。接着，顾知微参与川西大（渡河）马（边河）间过水隧道工程地质调查，在三叠系铜街子组采获双壳类和腕足类化石，将研究结果写成《关于铜街子系》和《川西铜街子建造之晚期下三叠纪动物化石》两篇论文，还与他人合作编写《四川大渡河（铜街子）与马边河（黄丹）间水力发电工程地质报告》。后来，他又调到古生物地层室，着重进行三叠纪双壳类和地层研究，主持了川东歌乐山洞穴沉积层中骨化石的发掘和研究，写成《四川巴县歌乐山之洞穴层与地文》和《四川歌乐山人类遗迹之再度探寻》的学术通讯。

他的论文《川西铜街子建造之晚期下三叠纪动物化石》，是他涉足古生物研究领域的最早研究报告，对中生代三叠纪时期海相瓣鳃类化石进行了相应的研究，修正了以前相关研究成果，奠定了我国下三叠统上界划分的基础。为此，他获得1948年中国地质学会颁发的第四次许德佑纪念奖。

对于这一阶段的研究，顾知微有这样的自我评价："（我所从事的）以上三方面地层古生物工作，共同特点是它们基本上均属'纯学术性'的。解放前我在南京市郊区所进行而无论文结果的海相三叠系的地层和化石的工作，性质也相似。只是川西大渡河下游的地层工作，有些与当时对水力资源的开发有关。""这些工作，与我解放后全心响应号召，参加煤与油、气等矿产探寻的地层古生物工作，呈鲜明对比。解放前的地层古生物工作，基本上是脱离生产经济建设的'悬空'式的。这也是当时政治环境下的一种反映吧。"

## 三

中华人民共和国成立之初，百业待兴，能源工业的发展迫在眉睫。1950年，顾知微毅然放下古生物的研究，作为一个煤田地质工程师，奔赴河南洛阳做煤田地质普测。嗣后，中央地质调查所的古生物地层室并入中国科学院古生物研究所。顾知微被借调转赴华北地质局负责冀南峰峰煤田和内蒙古石拐子煤田的地质普查，被聘为工程师，任队长。在河北和内蒙古，他主持编写了多篇煤田地质报告，注明了这些煤田的全部或部分远景储量，为日后详查、建井、开采打下了基础。

1955年夏，顾知微在完成煤田勘测任务后回到中国科学院古生物研究所（现称南京地质古生物研究所）。前几年的实地勘测，让他对于地质的研究方向有了新的认识。他确立了"以地层为纲，不脱离实际"的研究原则，"以地层为纲，化石的研究是为地层研究服务，当然在生物学方面，也应研究它表现古代生物的分支、演化和生态等内容，而化石和地层的研究最终是为了寻找能源资源，为国家经济建设服务"。为此，他从国民经济建设和学科发展的急需出发，主动放弃了曾经熟悉并已有成就的海相三叠纪地层古生物的研究，转而从事中、新生代，特别是侏罗纪和白垩纪非海相地层和化石的研究。对于这一转变，他曾经这样说："在工作之初，也曾受当时我国学术思想的影响，从事泥盆系和三叠系的海相地层、古生物的研究达四五年之久。到1955年，才开始放下海相三叠纪地层、古生物的研究，转向非海相中生代地层，主要是我国东部非海相侏罗系和白垩系的研究。""现在我所从事的地质古生物研究，也源于实际工作需要，因为我在工作中发现，矿产资源勘探与地下所蕴藏的古生物化石有着密切的关系，因此不得不搞清楚。就这样越钻越深，就完全进入到了地质古生物领域的研究。"

南京古生物所研究员蔡华伟是顾知微的关门弟子，他形容自己的导师很"纯真"，"正是那一番纯真、满腔热情、一心想着为国做贡献，让他能够在国家需要之时，义无反顾地奔向国家急需之处。"

当时，我国为了摘掉"贫油"的帽子，在全国范围内开展了石油地质普查和地球物理勘探,特别是对松花江流域进行了调查。一天,中国科学院古生物研究所收到了一块来自东北松辽平原的化石。顾知微一见到这块化石,马上意识到这个地方有油!因为这块化石是黑色的而不是普通的红色,说明这个地方富含营养物质。经过分析,又发现它所属时代是中生代的最后一个纪——白垩纪。那就是产生石油的时代。顾知微很激动,马上跟助手们说:"走,上东北。"他们一行就从南京赶到了吉林省长春市,后来又去了与大庆油田毗邻的安达市。

在两年的时间里,顾知微参加了松辽地区中生代地层和古生物研究,鉴定编制了松辽平原白垩纪双壳类图版19幅及其地层分布表和说明,撰写了《简论松辽平原白垩系的年代划分与生油关系》的报告,指出我国中生代燕山旋回中的闽浙运动的重要意义,认为正是这次构造运动形成了松辽盆地,且盆地中分布的嫩江组暗色页岩显示了生油的有利环境,为指导石油地质勘探和大庆油田的开发做出了贡献。他回忆:"我的这个意见,曾在1958年长春石油地层现场会议上报告过,并于1959年作为内部资料供参考。"1959年9月,大同北面高台局部构造上的松基三井不负众望,被压抑了千百万年的原油喷涌而出!人们在欢呼、在呐喊,大家拥抱成了一团。时间凝固了,历史凝固了,大同镇从此改名为大庆。在这一胜利的鼓舞下，一场大会战开始了，由南到北每个局部构造上都获得了工业油流或高产油流。

大庆油田的发现是集体智慧的结晶，一批著名的科学家和新中国培养出来的科技人员做出了突出贡献。1982年7月，国家科委为在大庆油田发现过程中做出贡献的地球科学专家颁发国家自然科学奖一等奖，共有20余名科技人员获奖，其中就有顾知微。

顾知微说："大庆油田的发现，对于我参加松辽地区的初期地层、古生物工作，是一个聊酬夙愿的喜讯，也证明了我转换专业方向的正确。"

顾知微在办公室

顾知微对中生代侏罗纪、白垩纪非海相地层和化石的研究，主要集中于海相瓣鳃类与淡水瓣鳃类生物。这两类是分别生活在海洋和内陆淡水中的软体类双壳类生物。淡水瓣鳃类就是通常人们说的河蚌这一类生物；研究这类生物的化石，是看它们属于哪一个科、哪一个属、哪一个时代，根据生物系统分类，找出规律，确定地层等。顾知微的研究，就是通过对中生代瓣鳃类生物的研究，进而研究地层和地质的历史与环境的漫漫古生物历史。那时，中生代淡水化石的研究在中国基本还是一个空白，而在这个地质时期所形成的地层中，石油天然气、煤和其他金属和非金属的宝藏十分丰富；与此相对应，这个时期的淡水生物在中国又相当发育，因而淡水化石也就相当丰富。这是中国地层的一个特点。通过这些古生物的研究，对于探寻石油和煤等沉积、内生金属成矿规律具有重要的指导意义。

1959年，第一届全国地层会议隆重召开，他承担了中国侏罗系和白垩系地层研究的首次总结，提交大会讨论。这一研究成果，以《中国的侏罗系和白垩系》为书名，作为"中国各纪地层总结"系列专著之一，于1962年公开出版，1978年获全国科学大会和中国科学院重大成果奖。20世纪60年代初，他又领导了中国瓣鳃类（即双壳类）化石的系统整理工作。此后的十余年间，他与南京地质古生物研究所的同事们坚持不懈，系统总结了自19世纪以来我国发现的各地质时代的1000多种双壳类的分类工作，于1974年完成这一研究课题，并于1976年出版《中国的瓣鳃类化石》专著。这一专著作为"中国各门类化石"系列成果之一，1982年获国家自然科学奖二等奖，法国、日本曾给予介绍和译注。

顾知微十分重视我国东部地区中生代地层古生物及地质演化的研究。他曾多次赴浙、皖、闽、鲁等地进行野外考察，发表《浙江侏罗系和白垩系研究》等论著，还发表了《中国非海相中生代双壳类与地层的分布及发展》等重要论文。针对这一领域研究基础较差、难度大，存在争议和问题多的实际状况，20世纪80年代起，他又抓住黑龙江省东部含海相夹层和化石的龙爪沟群关键课题，与黑龙江煤田地质科技人员等合作，进行地质地层的研究，以后执笔撰写了英文专著《中国黑龙江省东部早白垩世双壳类》。此后他又和别人合作，执笔著写《松辽地区白垩纪双壳类化石》（刊于《中国古生物志》新乙种第32号）。两书分别于1997年和1999年出版。

顾知微数十年来孜孜不倦地辛勤研究，建立了我国侏罗纪、白垩纪的四个大的和一些小的淡水瓣鳃类化石群，而且提出了处于亚洲古陆的我国地域是欧亚蚌类古老起源中心之一的观点。这些研究成果，对于划分对比非海相侏罗纪、白垩纪地层，确定中生代沉积盆地、火山活动、燕山构造旋回的形成分期，探寻石油和煤等能源沉积、内生金属成矿规律以及蚌类的起源、发展等，都有重要意义。以这些研究为基础，不仅促进了侏罗系

南京地质古生物研究所的四位中科院院士,从左到右分别为顾知微、卢衍豪、李星学和盛金章

和白垩系的综合研究,为我国侏罗系、白垩系的研究奠定了基础,而且在我国中生代地层分布区寻找矿产及油气等的实践中得到广泛应用。

## 四

中国有一句古训:"知之为知之,不知为不知,是知也。"

顾知微从黄发学童起就开始诵读这句中国古训,这句话潜移默化地影响着他日后长达数十年的研究。虽然白发盈颠,学贯中西,但他仍然铭记、遵循着这句在儿时就熟读在心的古训。其实,这不仅是人们对待知识、追求知识应该持有的一种诚实态度，也是科学家对待自然、探索未知的一种科学精神。

我国的地层研究起步较晚，最早对此做出贡献的正是美国学者葛利普。我国陆相侏罗系和白垩系地层大多为红色岩层，他在研究我国的地层时套用北美划分标准的经验，把我国南部红色地层几乎全视为白垩纪的沉积物。20世纪初，由美国科学家组成的中亚考察团在我国进行陆相侏罗系和白垩系地层研究时，坚持了类似的划分标准。中华人民共和国成立后，随着大规模经济建设的开展，需要在大片红色地层分布区进行区域地质填图，寻找有用矿产并作构造演绎，亟待深入研究这类地层和所产古生物群。顾知微对东北地区包括松辽、大庆油田、浙江、四川和云南等地进行了考察研究，特别深入细致地研究了热河动物群。在长期持续的研究中，顾知微发现了葛利普观点的错误，认为大部分原被视为白垩系的地层应归侏罗系。长期以来，这一变动被视为中国地层分类上的一个重要发现，也使我国地质图大为改观。他关于中国陆相侏罗系白垩系对比划分的理论观点，已成为中国这一研究领域的一个学派。

20世纪80年代中期，他的学生兼同事沙金庚在大英博物馆等地进修期间，英国导师毛里士（Noel J.Morris）教授却对顾知微的观点提出了疑问。顾知微对此十分重视，经过对那批瓣鳃类古生物化石更加深入地研究，又勇敢地否定了自己当年的结论，也即肯定了葛利普部分观点的正确性。比如对东北地层的划分，依葛利普的观点划作白垩系是准确的；而葛利普有的观点的确错了，对四川红层的划分应划为侏罗系。他坦承："由于受'中生代含煤地层多属侏罗纪地层'的观念误导，1983—1984年完成的双壳类和菊石化石的初步研究，及随之而得的地质年代的鉴定，基本上以误定为主，将那里含煤的龙爪沟群与鸡西群误定为侏罗纪地层。"对此，他专门撰写了一部37万字的英文专著《中国黑龙江东部龙爪沟群与鸡西群双壳类修正研究》。这个"修正"，是对他自己以往研究结果的修正。此书后来更名为《中国黑龙江省东部的下白垩统双壳类化石》，于1997年公开出版。

**顾知微手迹**

自己否定自己，自己修正自己。"辩证唯物主义讲正反合，所以说，具体事物具体分析，是马列主义活的灵魂。"他说，"我和沙金庚等同志前几年已改正了这些错误，重新修订了这些化石和产出这些化石的龙爪沟群与鸡西群含煤地层的地质年代。这一改正，将带动辽西和大约半个中国侏罗纪和白垩纪地层界限的更改。"

这种否定之否定，使学术得到升华，使科学研究得以完善；这种否定之否定，显示了科学家对待科学的态度，显示了一位科学家的勇气。我们从中看到了顾知微一生严谨的科学态度。

沙金庚，自1978年起便跟着顾知微读研究生，后来曾担任南京古生物研究所所长。谈及自己的导师时，沙金庚的眼圈几度湿润，"他能够坚持真理，实事求是，有着中国科学家的骨气，是一名真正的革命科学家"。

顾知微对科研的执着，已经到如痴如醉的地步。沙金庚回忆起师母朱光琪曾说过的一些细节：晚上，顾知微的床头一定要备有纸笔以记录他突如其来的灵感。有时，就在大半夜全家都熟睡的时候，忽然他一骨碌爬起来，直奔写字台，记录他的"神来之笔"。每逢过年，学生们前往顾知微家中拜年。顾知微会提醒学生一定要带上记录本，因为这只是以拜年为名的学术探讨。

2001年春，顾知微夫妇在家中

朱光琪还曾分享过一件生活小事：一次，顾知微正在创建双壳类研究，由于这是一个创新的工作，要花很长时间去查阅资料，顾知微索性将行军床搬进办公室，住在所里。一日，朱光琪有空，准备去看看顾知微，结果走到办公室门口，发现门上贴着一张纸条，写着："没有必要的事情，不要来找我。"当时，朱光琪很委屈，后来她才知道，那时正处于研究的关键阶段，而纸条也并非针对她一人时，终于释怀。

## 赵仁恺：
## 为潜艇安上"核心脏"

赵仁恺（1923—2010），中国核动力科学与工程技术研究设计的奠基人和开拓者之一，1991年当选为中国科学院学部委员（院士），1994年选聘为中国工程院院士。

1954年1月，美国东海岸，一艘体型巨大但行动灵巧的"黑色水怪"悄悄潜入太平洋，途经墨西哥湾、南美洲，又横穿大西洋，游至欧、亚、非三大洲后，顺利返回美国东海岸。而支持它游完全程的全部动力，竟然来自一块高尔夫球大小的铀燃料。而这个黑色的大家伙，就是美国第一艘核潜艇——"鹦鹉螺"号。按照"鹦鹉螺"号的航行里程，如果换作当时普通的石油燃料，至少需要整整90节车皮的石油才够！

在地球的另一边，有一位老人比美国人更关注着它的动向，因为它是世界上第一艘核潜艇。这位老人就是多年来一直致力于国防工业科研工作的聂荣臻元帅。聂

航行中的鹦鹉螺号

帅马上主持会议找专家来谈，写报告给中央、给毛泽东主席。这份报告以惊人的速度转经毛泽东、周恩来、邓小平批示后，研制核潜艇正式纳入议事日程。

## 初出茅庐

中国研制核潜艇，可谓"白手起家"，异常困难。缺少这方面的专业人才，就从各方面选调。核动力工程，是核潜艇关键部分。赵仁恺被选中了。

赵仁恺1923年2月出生于南京。青年时代，正遇抗日战争时期，他在四川江津就读于抗日流亡中学——"国立"第九中学。在这所中学，师生生活极为艰苦。学生每日三餐，两稀一干，霉米蒸出的"八宝饭"，鼠粪、沙石一应俱全。下饭的菜是作为猪食的牛皮菜，或几粒胡豆，有时甚至只有一匙食盐。在如此艰苦的环境下，学校办学八年之间，仍培养出一批国家栋梁和中坚力量。"两弹元勋"邓稼先、计算机之母夏培肃、核动力专家赵仁恺等九位院士就是其中的典型代表。

　　当然，对于小小少年来说，艰苦之中也有乐趣。赵仁恺曾回忆在九中求学的经历，讲述了这样一个"甜蜜"的故事："江津是盛产柑橘的地方。深秋，是橘子红了的时节。星期天，九中学生三五成群结伴上山。果农们知道这些娃儿穷，主动招呼他们吃橘子，只要求把橘子皮堆放一起，钱是不要的。因为大量橘子采摘下来后，一时卖不出去，常要雇人专门剥橘子皮，晒干了卖给药材和食品行业做陈皮。有时同学们下课后、晚饭前，三四个人一起走向江边，路上你掏三角，他摸两角，凑足一块钱，到橘子船上，由一人把钱塞给船老板。船老板顺手取下一只竹篓，麻利地数上110个橘子给你。1元100个，是统货，10个是补偿小个的。"

　　1942年，赵仁恺考取了重庆国立中央大学机械系，实现了他自幼喜爱机械工程的夙愿。1946年，他大学毕业后，回到南京在永利宁化工厂设计科工作。一进厂首先学习写工程字、描图、制图这些机械设计的基本功；然后跟着老工人去测绘，把机器设备的尺寸、原理、材料逐个测量分析出来；半年以后再做设计工作，先设计简单的设备，再设计复杂的设备和系统。赵仁恺后来回忆说："在南京永利宁厂设计科的10年，我很有收获。

化工厂有高温高压的氮肥设备,还有硫酸、硝酸工业。工厂把我锻炼成一名有实践经验的合格工程师,这是我遇到的第一次好机遇。"

1946年赵仁恺大学毕业照

永利宁化工厂的同事汪春耀回忆:"我也是1946年到永利宁化工厂的,但我是地下党组织派去的。赵仁恺刚毕业不久,血气方刚,是我们地下党外围的积极分子。他平时不大说话,工作非常刻苦,为人十分诚实,我们都愿意与他交往。"

1956年7月,赵仁恺调到核工业部门(当时叫建筑技术局)核工业设计院(二院),由此开始了与核工业的不解之缘。但那时候的核工业设计院尚未组建完成,正好苏联援助我国的第一座重水实验型反应堆刚开始建造,赵仁恺被派去参加原子能所重水堆的建设,有幸获得了对核反应堆最直观的印象。

从机械设计到核动力科研的跨度是非常大的,赵仁恺说:"当时我们对核反应堆技术一点不了解,所以心里也有一些打鼓。"老一辈科学家钱三强找他们谈话,鼓励说:"我们现在不是研究人员,而是一个工程技术人员,目前的工作是在苏联专家指导下完成反应堆的安装和调试。对于核物理,可以先只搞懂基本概念,其他的知识以后慢慢来。"

在重水试验堆的学习实践中,赵仁恺认识到,核动力工程也属于工程技术,是核能与机械热能动力技术的结合。机械工程与核工程的差别主要在"核",只要把核动力的原理、应用和辐射防护等各方面的知识补上就可以了。就这样,他在实践中顽强地自学,很快就补上并掌握了新兴的核能知识。

赵仁恺说:"我在原子能所老一辈核科学家的指导下,参加了我国第一座重水试验堆建设的全过程,有机会学习核物理反应堆方面的知识,为我今后从事反应堆工程研究设计打下了核方面的基础,这是我遇到的第二次好机遇。"

经过近两年的时间,到1958年初,苏联援建的重水堆顺利建成调试。赵仁恺又奉命前往苏联参加石墨水冷生产堆的设计,进一步学到了不同类型反应堆的知识。也就是在这一年,中央批准了聂荣臻元帅提出的研制弹道导弹核潜艇的请示报告。刚从苏联归国的赵仁恺被二机部设计院党组任命为潜艇核动力设计组组长,具体组织进行潜艇核动力的研制设计工作。从此,他开始为我国核潜艇的"心脏"——核反应堆而操劳。

1958年9月,苏联方面向中国政府发出邀请,提议派一个国防科技代表团前往访问。同年10月24日,国防科技代表团启程访苏。代表团以海军政治委员苏振华为团长,赵仁恺等一些专家参加了代表团。赵仁恺随身带去了赶制出来的核潜艇设计设想草案、反应堆本体结构图和30多个问题,希望得到苏联方面的支持。海军代表团在莫斯科经过两个多月的马拉松式的谈判,在核潜艇方面毫无进展,代表团不仅未能登上苏联核潜艇参观,而且也未能接触到苏联的核潜艇专家。他们只被安排参观莫斯科近郊的试验性核电站和列宁格勒(圣彼得堡)的"列宁"号原子破冰船。据赵仁恺回忆,"老大哥告诫我们,胃口不要太大,会消化不了的。要搞核潜艇可以搭在我们的肩膀上,再跳过去"。

第二年9月,苏联领导人赫鲁晓夫来华访问。听到中国也想研制核潜艇,他直接拒绝了中方"技术支持"的请求,还傲慢地说:"你们中国搞不出来,只要我们苏联有了,大家建立联合舰队就可以了。"毛泽东主席十分愤怒,他说:"核潜艇一万年也要搞出来。"

毛泽东的豪言,激励着我国核潜艇的研制专家们。

赵仁恺在一篇文章里写道："研制核潜艇是毛泽东交给的任务，能承担这项工作是一生中的莫大光荣。我要不辜负党和人民的信任，要为毛泽东争光，为全国人民争气！我们不但有党中央的强有力领导，还有全国人民的支持，有全国最优秀的原子能科学家和全国的大力协同，我们一定能克服一切困难，胜利完成任务。"

1959年，潜艇核动力设计组归入原子能所反应堆工程研究室，成立第五设计大组，由赵仁恺担任组长。潜艇核动力堆的设计工作是相当复杂的，它涉及几十个专业，主要方面有物理、热工、热物理、水力、堆结构、燃料元件、屏蔽防护、自动控制、电子仪器仪表以及各种设备等。赵仁恺说："做反应堆，谁也没有搞过，世界各国也刚开始。作为一个反应堆，如何计算，如何把零件弄好，这些东西都没有参照，完全要自己弄。弄清基本的物理概念，做基本的分析，然后再通过试验，验证自己的东西。开拓并不是那么简单。很多设备和试验装备，国内根本没有。核燃料全部要从头弄起，从二氧化铀开始弄。因此，核潜艇工程涉及从化工、机械到最尖端技术的一整个工业体系。"但是，在研究人员中只有少数人对苏联援建的实验性重水反应堆和军用生产堆有一些感性认识，面对潜艇核动力选用的压水型反应堆，则几乎是从头学起。但大家憋着股劲，决心一定要靠自己的力量攻下潜艇核反应堆设计的这个堡垒。他们互教互学，不懂就问。按赵仁恺的话就是"用集体的力量来掌握全面"。设计组的全体研究人员，都是二三十岁的年轻人，当时赵仁恺33岁，已经是年纪最大的。

1960年，中苏全面交恶。苏联中断对中国的所有技术援助，抽走所有技术专家，这不亚于"釜底抽薪"，我国尖端武器研制刚起步就陷入极大的困境，核潜艇的研制也只能自力更生，技术上的困难陡增。此时，又值三年困难时期，粮食定量不够吃，副食供应极差。工资不高，工作强度又大，大家常常饿着肚子，有些人因缺乏营养患了浮肿病，行走上千米都有困难，但没有一个人有怨言。除少数几个核专家外，其余都是非核专业的大学毕业生，都是学的俄语。为了能读懂西方国家的资料，大家仍然起早贪黑学英语，甚至上厕所都在背单词。研究室里还开设了反应堆、热工、动力装置等五门课程，专家讲课与互教互学相结合，还到各大图书馆、中科院和高校查阅有关英文资料，边看边译，不仅过了英语阅读关，还摸清了国外核电站及其动力装置的基本情况。

对于核潜艇的研制，海军政委苏振华提出了"以堆为纲，船、机、电、弹紧紧跟上"的方针，指出核动力反应堆是核潜艇的心脏，没有心脏，就没有核潜艇。然而，当时潜艇核动力堆的主方案、主参数，包括双流程堆芯的采用，缺少试验依据。有人从香港带来一个美国核潜艇的儿童玩具模型。把这个模型拿来以后，大家看了一看，根据模型的外形尽量琢磨里面的情况。赵仁恺说："但我们真正解决核潜艇动力来讲，不是靠这个。真正解决核潜艇动力还是主要靠自己的学识、自己的创新、自己的研究和发展做出来的。"在他的带领下，设计组"摸着石头过河"，通过查文献、搞调研，充分发挥集体攻关、重点突破的优势，为核潜艇选定了适用的反应堆最佳堆型、反应堆功率的大小、主参数、核动力输出方式、核动力装置结构组成等。比如，反应堆物理的各种参数，是整个反应堆工程设计的基础依据，而且很多数据是相互制约的。有的数据满足了物理要求，而在热工方面"卡了壳"；或者是物理、热工方面满足了，材料、设备又过不了关。因此，很多数据要在相互切磋反复讨论后，才能找出大体满足各方面要求、近乎合理的一个值。这样，一个数据才能定下来。那时，论证会接二连三地开，有时是通宵达旦，大家争得面红耳赤。

在周永茂的印象中，赵仁恺平易近人，与人说话态度很温和，胖胖的脸上总是带着微笑，即使是需要冒风险做决断时，也是一种"每逢大事有静气"的风度，唯一表现他内心紧张的是高高的额头上渗出的汗水。

1960年6月底，经过半年的奋战，五大组完成了《潜艇核动力方案设计（草案）》，在一张白纸上画出了中国潜艇核动力装置的蓝图。7月1日,《潜艇核动力方案设计(草案)》被郑重地交到二机部,作为向党生日的献礼。这个设计虽然没有任何试验验证,但有一定的计算(一维)分析,是核动力系统首次较为完善的综合集成,不仅为开展陆上模式堆工程设计提供了主要参数蓝本,更是开创了我国开发压水堆应用的先河。在《当代中国的核工业》一书中,对我国核潜艇动力部分的早期设计给予了充分肯定:"该方案设计当时是作为草案上报的,但在后来的实践中,没有什么重大的反复,这证明它在总体上是可行的。这就为以后的研制工作打下良好的基础。"

此时,我国发展国防尖端技术的方针发生了一个重大的转变。中央军委明确提出"两弹为主,导弹第一"国防技术方针,为了集中优势兵力打歼灭战,集中科技力量发展"两弹",核潜艇的总体研制工程作为国家计划暂缓进行,由"快马加鞭"改为"厉兵秣马、下马牵行"。中央军委的这一决策无疑是英明的。因为核燃料的浓缩技术是制造原子弹和核潜艇反应堆的关键,掌握核燃料技术和导弹技术是建造导弹核潜艇的基础,从某种意义上说,"两弹"的研制也是导弹核潜艇研制的前期工作,所以必须先研制出"两弹",取得基本理论和实践经验后再移植到核潜艇上来,如果同时并举,势必都受到影响。事实上,美、苏、英、法都是先有导弹、原子弹、氢弹之后才造出核潜艇。

1962年2月，赵仁恺、孟戈飞、周永茂等骨干人员被调走，转移到原子弹战线。由彭士禄带领留下50多名的科研人员卧薪尝胆，继续开展对潜艇的研究。在原子弹研制中，赵仁恺负责军用钚生产堆（即苏联的石墨水冷生产堆型）的研究设计和建造的技术指导。当时苏联只给了钚生产堆的总体概念，图纸并不完全，设备的核心部分和附属设备仍需要中国自行解决。到1964年10月，军用钚的生产堆建成，我国第一颗原子弹爆炸成功。赵仁恺说："我有机会能参与主持我国第一座石墨水冷生产堆的设计、安装、运行全过程，为中国的原子弹做出贡献，这是我遇到的第三次好机遇。"

1965年3月，核潜艇工程（代号09工程）时隔三年之后重新上马，由二机部负责。赵仁恺重新回到核动力设计岗位，负责模拟堆工程技术设计，由彭士禄负责整体技术抓全组。赵仁恺、彭士禄两位核动力专家因核潜艇工程调整而分开，因重新调整再会合。两人年龄相近、目标一致；性格不同、配合默契。赵仁恺有勇有谋，稳扎稳打稳向前；彭士禄无私无畏，敢于担当敢拍板。在全体设计人员夜以继日、废寝忘食的协同努力下，100天后，核动力装置陆上模拟堆和装配潜艇的蓝图便设计出来了。

依照赵仁恺设计的方案，核动力装置分别布置在堆舱、主机舱和辅机舱中。然而，在审查设计方案时，有的专家和部门提出了"一体化"方案："核潜艇是常规潜艇加核动力，可以把现有的仿苏潜艇一分为二，中间加上核反应堆就行了，这样既节省经费又缩短时间，可保证按期造出核潜艇，何必大动干戈，搞什么陆上模式堆和研制很多新设备。"

当时我国只有几个小型实验反应堆，虽然都是"堆"，但与动力堆完全不同，特别是用在核潜艇上的核动力堆，较之陆上反应堆，它必须具有体积小、重量轻、耐冲击、耐摇摆、机动性和安全可靠性更高等特点，这是保证核潜艇是否安全的关键和压舱石。彭士禄和赵仁恺等人据理力争，说："我们从未造过动力堆，也没见过核潜艇，如果没有陆上模式堆做实验验证，糊里糊涂就装艇，十有八九会出大问题。"他们又进一步指出："陆上模式堆不是模拟机，而是按艇体舱段的实际大小，建造一个1∶1全尺寸的反应堆，把正在研制和准备研制的最先进设备装在里面，进行核动力装置的各种性能试验，掌握运行特性，为建造核潜艇提供实际经验，这样既能保证一次性成功，又能尽快赶超世界先进水平，同时还能培训负责运行和维修核潜艇的官兵。"

两种观点争论非常激烈，一路反映到周恩来总理和聂荣臻元帅的案头。周总理和聂帅支持了赵仁恺他们的方案，认为必须在陆上完成核动力装置研制，确保安全运行后才能安装上艇。1965年8月25日，中央军委批准了陆上模式堆的建造方案、地点和协作关系，决定在四川夹江建设核潜艇陆上模式堆基地（代号909）。彭士禄、赵仁恺、符德瑨被任命为909基地副总工程师，彭为技术总负责人，行使总工程师职责。

1966年初冬，一支先遣队秘密离开北京，来到四川夹江的青衣江畔，开始建设909基地。赵仁恺带领的设计队首先进驻。当时对外联通的道路正在修建，基地还处于一片自然原始状态。设计队以农村小学校作为立足点，男同志全部住在小学礼堂，竹片床，大通铺，与鼠蛇共住，女同志住在公社木楼角上。夏秋虫咬蚊叮，冬天陋室四面通风，不避风寒。借两间小学教室作为设计室，点煤油灯做设计，伙食自己办，粮食下山到镇上自己扛，用水自己井中挑，烧柴自己上山打。

不久道路通了，电送来了，施工队伍进来了，整个山谷沸腾了，一场建设的战斗打响了。

由于防空的需要，基地办公、实验、生活区位于夹江、峨眉两县交界处的浅山区，陆上模式堆工地隐蔽在大山深处的两座小山之间的狭窄山沟里，一条清澈见底的小河从厂址前经过，90度急拐弯后蜿蜒奔向山外的青衣江。两者相距近20千米。所有的建筑单楼面积不能超过500平方米。建成后，如果不走到跟前，人们无论从地面或天上都看不见厂房的身影；如果不经过河上的两座

909基地第一代核潜艇陆上模式堆厂房

小桥,休想走进厂房的大门。

这里没有公路,远离铁路,也不通电话,联系极不方便,同时又物资奇缺,潮湿多雨,老鼠毒蛇蚊虫肆虐,队员们只能喝稻田水,木棍、手电、雨靴是创业者们必备的三件"武器"。赵仁恺回忆:"那时基地的工作、生活条件都非常差,住干打垒、茅草房,屋外下大雨,屋里下小雨;上公用旱厕所,烧自制小煤球。实验室、生活区极其分散,2号点到1号点的砂石公路晴天是扬灰路,雨天是泥水路,弯多坡陡、崎岖狭窄,一边是悬崖峭壁,一边是山间小溪或万丈深渊,经常有滚石、塌方危险。"赵仁恺少年时就在四川度过了大学时代,对四川的环境是习惯的。尽管如此,由于农村中饮用水不洁，每年春后即闹肚子，入冬方止，如此连续三年后才适应。

毛泽东主席和党中央对潜艇核动力这项国防尖端武器研制十分重视。毛泽东为此作了"718"批示，聂帅强调：核潜艇工程只能提前，不能拖后，要抓紧、要落实。中央军委也发了"特别公函"，全国都动员起来了。中国人民解放军、中国科学院、高教系统、工业系统、各省市都动员了主要力量，为攻克这项国防尖端课题而聚集在一起。赵仁恺回忆："我们的科研设计人员也都下到研究单位、到工厂、到部队搞'三结合'，到全国各地夜以继日地共同奋战在各条战线上；在现场，解放军、科研人员、施工队伍更是万众一心，争分夺秒，日夜拼搏。"

工地上，从祖国的四面八方赶来的8000名科技人员、工人和解放军战士热血沸腾，日夜奋战，开始了轰轰烈烈的大会战。经过一年的抢建，一幢幢建筑物拔地而起，多种实验室相继投入实验。1969年10月，核动力装置进入安装，近万台设备仅半年时间就全部安装完毕。这一时期，正是各个系统各种设备集中暴露问题的时期。赵仁恺跟随安装队伍住进了厂房。一身工装、一身汗水，安装中哪里有问题、哪里最关键，他就出现在哪里，现场指挥、现场拍板。进行堆舱、主机舱、辅机舱耐压壳拼装时，他与技术人员、工人一起爬上爬下，一起扳螺钉、接线头，发现问题立即解决。

1970年7月26日6时，核动力装置陆上模式堆的两台发电机组向电网供电，反应堆功率达到9.6%，在我国首次实现了核能发电。彭士禄和赵仁恺、符德璠三位把被子搬进厂房，24小时连轴转，困了就找个安静的地方睡一会儿，以便随时发现、分析试验中出现的各种情况，当场解决出现的各种问题，确保功率试验按计划、分阶梯稳步提升，万无一失地进行。到8月30日18时30分左右，负责热工计算的同志在反复计算后大声宣布："核潜艇陆上模式堆达到100%满功率运行！"主控室顿时响起热烈的掌声。

之后，陆上模式堆进行了全寿期运行试验，完成了500多个试验项目，模拟出第一代核潜艇在各种工况下的运行性能，提供了潜艇核反应堆的运行寿期等重要参数，为制定核潜艇操作规程、换料和退役工作提供了试验依据，为我国的核电站建设奠定了技术基础。

陆上模式堆成功了，赵仁恺他们立即从大陆转向海洋，率数十名科技人员和工人奔赴核潜艇造船厂，参加首艇核动力装置的安装、调试。在核潜艇研制的关键时刻，核燃料已经装在一个吊篮里，篮子放在厂房内的平台上，准备往反应堆里装。这个时候，厂房顶部一支冷却水管坏了，不断喷水。如果水喷到装有核燃料元件的吊篮里，后果不堪设想。这个时候，年过50岁的赵仁恺将个人安危置之度外,飞快地往脚手架上爬。他爬到厂房最高处的吊车轨道上,将那个管子修好,及时排除了险情。张金麟院士说:"那惊险的一幕,让我非常感动,也让我铭记终生。作为我们的领导,在危难时刻,自己冲在前面。这种态度影响了我一生。"

1970年12月26日,"长征一号"核潜艇下水。1971年3月,核潜艇反应堆达到了热态临界。6月25日,周恩来总理明确指示:"核动力潜艇是一个极其重要的项目,我们第一次搞,要多花些时间进行充分试验以取得经验。每一次试验前都必须向海军和中央军委写出报告,经批准后再进行。特别是一定要注意安全,绝不要赶时间!"8月15日,核潜艇开始系泊试验和航行试验。

1974年8月1日,核潜艇正式交付海军服役,中国因此成为世界上第五个核潜艇拥有国。在服役典礼上,赵仁恺荣幸地作为科技工作者的唯一代表被请到核潜艇舰桥上,倾听着核潜艇心脏那跳动的声音。

我国从1958年9月启动核潜艇研制开始算起,到1970年12月核潜艇下水,只用了12年时间。从1965年重新上马到1974年8月正式服役,只用了9年时间,是广大科技人员、工人、干部和解放军官兵发扬"自强自立、创新协同、求真务实、拼搏奉献"的精神,攻克一个又一个难关创造的奇迹!

我国之所以能较快攻克核潜艇的心脏——核动力反

应堆这一难关并继而建成核潜艇,作为核潜艇陆上模式堆的研究设计和调试运行的主要技术负责人之一的赵仁恺功不可没。核潜艇陆上模式反应堆的"心脏"开始跳动了,没日没夜的工作却使他患上了心脏病。

赵仁恺(右二)参加核潜艇试验归来

　　核潜艇是集工程、技术、科学于一体,高、精、尖于一身的国防装备、国之重器。赵仁恺说:"核潜艇建成以后,对我们国防、海防都起了很大的作用。要搞霸权主义的,我们有了核潜艇,他认为是个威胁;对和平来说,还起了保卫和平,稳定和平的作用。"

　　1985年和1988年,赵仁恺参加了第一代弹道导弹核潜艇水下发射导弹试验,并胜利地完成了潜艇核动力的配合保障任务。他说:"当时为导弹高精度命中目标而欢欣鼓舞,为全体参试者共同完成任务而欢庆胜利。"

1988年，赵仁恺率队参加深海试验，试验证明潜艇核动力性能完全达标，完成了潜艇核动力最后一项，也是最难最具风险的一项考核任务，向中央军委交了一份完满的答卷。

赵仁恺怀着对中国核潜艇的眷眷之情，一生为之呕心沥血。1985年，他作为核潜艇研制的主要参与者，荣获"第一代核潜艇的研究设计"国家科学技术进步特等奖。1991年，他当选为中国科学院学部委员，1994年又选聘为中国工程院院士。

赵仁恺在回忆几十年为海军建设奋斗的经历时，曾充满激情地写道："遥望大海，我们强大的核潜艇部队正在日夜守卫着祖国的海疆。我的心也随着海军战士们在大洋中共鸣激荡！""在核工业工作的不平凡经历中，我感受最深的是热爱祖国、无私奉献，自力更生、艰苦奋斗，大力协同、勇于登攀的精神。"这就是赵仁恺的奋斗精神，这就是中国核潜艇的奋斗精神。

当赵仁恺登上驰骋在大海的核潜艇时，更是陶醉地感受着核潜艇核反应堆的"心跳"，他的心和反应堆的"心"产生了共振，他的心和反应堆的"心"紧紧地连在了一起。赵仁恺有一段感人肺腑的话语：

深夜，核潜艇在海域巡航。我坐在核潜艇的舰桥顶上，舷外浪花飞溅，海风拂面。我抬头遥望北方，

第一代核潜艇工程四位总工程师合影(左起赵仁恺、彭士禄、黄纬禄、黄旭华)

祖国大地笼罩在夜色蒙蒙中。想此时,辛劳了一天的祖国人民,为了迎接更加美好的明天,正在幸福中安心休息;嬉戏困累了的幼儿,正在母亲温暖的怀抱中甜甜地睡去——祖国一片宁静安详。心中不由得浮起:祝福您,我的祖国!我们的核潜艇正在保卫您,正在保卫祖国的繁荣富强和人民的幸福安康!为了您,我们愿意付出一切,再苦、再累,也值得!

## 查全性：
## "倡导恢复高考第一人"

查全性（1925—2019），著名电化学家，1980年当选为中国科学院学部委员（院士）。

1977年冬天，湖北的天气还不算太冷。恢复高考制度后的第一次高考正在进行，考生们一人一座，中间隔开。那年冬天，全国共有570万考生从山村、渔乡、牧场、工厂、矿山、营房等奔向考场。

由于中断了十年，参加这次高考的学生年龄参差不齐，年龄大的已经超过30岁。在湖北，一位名叫林安的考生，就是在高中毕业3年后才得以参加这次考试。

按当时的办学条件，这次高考只录取了不到30万人，林安正是其中的一位幸运儿。他被武汉大学化学系高分子专业录取。后来，他才知道，每天穿着工装、骑着一辆破旧自行车上下班的本系副教授查全性就是"倡导恢复高考第一人"。

一

查全性，1925年出生于江苏南京。祖父查秉钧，安徽泾县人，光绪二年（1876年）出生，22岁时考中进士，下放至贵州任职。眼看国家民族被列强蚕食，查秉钧曾上《集民团疏》，主张团民为兵，济兵力之穷。清王朝被推翻后，查秉钧曾任安徽都督府秘书长及第一届省议会议长、国民政府赈济委员会委员之职。他为官清廉，晚年以鬻字为生。他的草书"飘若浮云，矫若惊龙"，为世所珍。全面抗日战争全面爆发，他在芜湖长街设摊卖字，得款购得军机捐献抗日。1941年，查秉钧在重庆遇日军飞机轰炸遇难。父亲查谦，是我国近代著名的物理学家、教育家。1915年，19岁的查谦进入南京金陵大学学习，毕业后在南京高等师范学校任助教。1920年，查谦远赴美国，在明尼苏达大学研究院学习，三年后获博士学位回国，在东南大学、金陵大学和中央大学任教授。1932年，查谦来到武汉大学，翌年担任理学院院长，并着手建设武汉大学物理系。该系虽创建于1930年，但办系方向是查谦到校后才明确确定的。1934年后，查谦长期担任物理系主任。1953年，华中工学院（华中科技大学前身）成立，查谦被调到该校任教授，

1955年开始主持全院工作，成为该院首任院长。1975年1月，查谦因病在武汉逝世，终年79岁。他为中国物理教育事业几乎付出了毕生精力，积极倡导"以实验为基础"的教学和研究方法，为我国培养了许多物理学人才。在科学研究上，查谦首次采用蒸发型铂片研究了光电效应的不对称性，清晰地界定了不对称性发生的条件，消除了因不对称现象而引起的与量子论的矛盾。

少年查全性（1941年）

在书香中长大的查全性，自幼就聪颖好学，树立了为科学奋斗的志向。1947年，就读于上海大同大学的查全性，由于参加"反内战"学生运动被除名，转入父亲任教的武汉大学，就读于化学系。查全性说："我的父亲很少管我，我也不大喜欢他管，我最后选择了化学而没有选择物理,部分原因就是不想受他约束。"

三年后的1950年,查全性以优异成绩毕业,并留校任教。1957年,查全性赴苏联莫斯科大学电化学研究所留学,师从电化学之父弗鲁姆金(A.H.Frumkin)院士,学习电极过程动力学,三年后归国,在武汉大学一干就是40多年。

1958年,查全性在莫斯科大学

查全性在武汉大学建立了电化学研究所,孜孜不倦奋战在电化学(电极过程)教学和科研一线。他是新中国成立后这一学科发展的主要奠基人之一。1987年,他因在表面活性物质吸附规律、电化学催化和光电化学研究等方面的突出成就，获得国家自然科学奖三等奖。他撰写的《电极过程动力学导论》一书，1976年出版，此后七次印刷，是我国电化学界影响广泛的经典学术著作和研究生教材之一，研究生们称之为我国电化学的"圣经"。

半个多世纪以来，在查全性主导下的武大电化学团队为国家培养了数以千计的电化学优秀人才，如今弟子中不少已经是我国电化学领域的行业精英和科研中坚。对于教学，查全性从来都是一丝不苟的。他讲课总是及时把最前沿的内容教授给学生，从不照本宣科。武汉大学化学与分子科学学院教授陆君涛回忆自己与查全性亦师亦友的60年时光感慨不已："查老师是我认识的最善于学习的老师。他的课堂教学不受教科书的束缚，往往把不同课程的知识融会贯通联系起来讲，因而特别活，大家都很喜欢听他讲课。"同为武汉大学化学与分子科学学院教授的杨汉西也认为，凡是听过查全性讲课的学生，少有不为其高屋建瓴、深入浅出的演讲而茅塞顿开，受益匪浅。

艾新平博士对于查全性在学术方面超凡的预判性极为敬佩。20世纪90年代初，锂离子电池才问世不久，查全性就明确指出，锂离子电池的安全性是一个需要重视的问题，并将电池安全性技术的研究列为艾新平博士论文工作的一部分。事实上，随着后来锂离子电池在动力、储能领域的应用，因锂离子电池燃烧、爆炸引发的安全性问题才引起了电化学储能领域的高度关注，两者之间的时间差有十年之久。

晚年的查全性，仍坚持给学生上课。在85岁高龄时，为了给本科生准备一堂"浅析能源结构"公开课，他花费大量精力重新分析了相关领域，包括煤的高效利用、锂离子电池、燃料电池、电动汽车等清洁能源的技术发展态势和面临的科学问题，梳理出关键基础科学问题和清晰的技术发展路线。在制作课件时，老先生请杨汉西教授作为听众对其每一段文字、每一幅图片都提出建议，然后仔细斟酌、反复修改，精益求精。有一天，老先生悄悄告诉杨汉西，随着年龄增长，自己能够上讲台的机会越来越少，更要珍惜每一次上大课的机会。后来每当上课的前几天，他总是将最新修改充实的课件发给杨汉西，并将其学术思想和讲述方式传授给杨汉西，要他陪自己一起给本科生上课。"万一我在课堂上身体支持不下去，你就立即上去继续讲，不能因为个人的一点小毛病就中断课程。"查全性神情严肃、认真地对杨汉西说。回忆起这一幕，杨汉西不由眼眶湿润。直到2018年12月，查全性以93岁的高龄光荣离休。杨汉西还记得查全性的"最后一课"。那天，面对200多名本科生，查全性从上午8点一直讲到12点。然后又鼓励同学们提问，耐心地回答每一个问题，直到大家不得不宣布下课。"可以说，查老师完全是在拼命为本科生上好每一堂课。"杨汉西感慨。

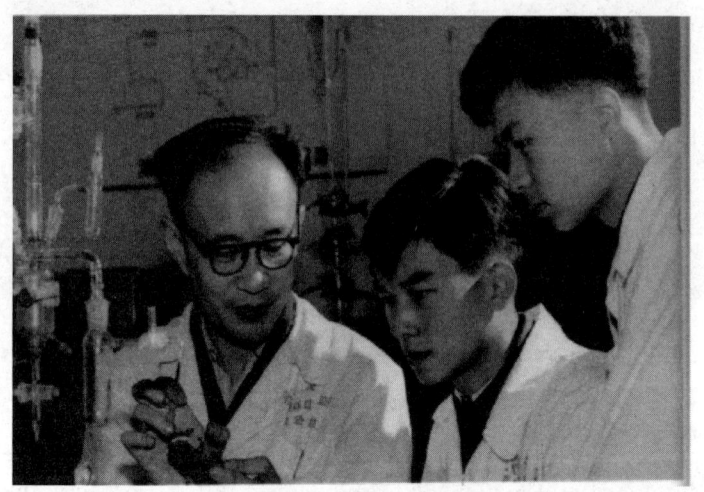

1962年，查全性和学生讨论滴汞电极上的吸附研究

不过，"文革"十年间，对查全性来说是不舒心的十年。1966年高考制度正式被取消，全国高等院校停止招生，大学教育几近瘫痪。直到1970年，国内部分高校以"群众推荐、领导批准和学校复审"的方式，从有实践经验的工农兵及下乡知青中招生。这样一来，每年夏天，在武汉最热的时候，查全性只能在实验室维护电化学仪器。他天天去，一待就是一整天，年轻的老师们也参与进来。他的学生、武汉大学化学系教授周运鸿说"我们那时候除了做实验，都是仪器修理工"，"那几

年实验室的人反而过多,该毕业的没毕业,没有办法分配工作,只能留在实验室"。周运鸿感慨道:"查老师那时常对我们年轻人说,不要参与外面的运动,有时间就在实验室研究。"

## 二

今天,让人们记住查全性,除了他的教学成就以外,还有他做的另外一件大事。1977年在邓小平主持科教工作会议上他慷慨陈词,首倡恢复高考并被采纳,被誉为"倡导恢复高考第一人"。恢复高考,成为"文化大革命"后中国教育界拨乱反正、翻天覆地的第一件大事。

1977年7月底,武汉大学党委的同志通知他马上赶去北京参加一个座谈会。开会内容没有说,会期有多长也没有说。第二天,查全性乘坐飞机赶到北京,到机场迎接他的是教育部高教司司长刘道玉。刘道玉在调任教育部之前,是武汉大学党委副书记。

参加会议的人员,都住在北京饭店老楼。查全性与吉林大学教授唐敖庆住在一个房间。此时,他才知道,这次会议名叫科学和教育工作座谈会。科学界领头的是中国科学院负责人方毅,教育界领头的是教育部长刘西尧。参加座谈会的33位同志,绝大多数是科教界名人,如北京大学校长周培源、清华大学校长何东昌、南开大学校长杨石先、复旦大学副校长苏步青，还有中科院的吴文俊、王大珩、邹承鲁等，年龄多在六七十岁。查全性算是年纪轻、辈分浅的，52岁，副教授。

为什么要开这样一个座谈会？查全性并不知道，一个大人物早就谋划着科学和教育界的一件大事，正在把查全性拉近这件大事的中心。

这个大人物就是邓小平。1977年7月21日，中共十届三中全会结束，邓小平的党内外一切职务正式恢复，担任中共中央副主席、国务院第一副总理。科学和教育工作座谈会召开之时，距离他恢复工作刚刚过去不到一个月的时间。

1977年8月4日，人民大会堂江西厅，科学和教育工作座谈会召开。五天座谈，邓小平只有半天因外事活动没有参加，其余时间天天到场，从头听到尾，可见他对科学和教育的拨乱反正是多么着急。

晚年的查全性在接受采访时说，一开始，会议的气氛十分微妙。"大家都知道，有些情况肯定会发生变化，大家也期望能够有好的变化。但是这个到底到什么时候变，需要多长时间真正拨乱反正，大家都还捉摸不透。"

到了会议即将结束的前一天，大家在座谈中谈到了当时大学教学质量堪忧的问题。这个话题一下子触动了查全性。久藏心底的对教育危机的感觉、感受、感慨，在此时喷涌而出：

"招生，是保证大学教育质量的第一关。它的作用，就像工厂原材料的检验一样，不合格的原材料，就不可能生产出合格的产品。当前新生的质量没有保证，原因呢，一是中小学的教育质量不高，二是招生制度有问题。但主要矛盾还是招生制度的问题。不是没有合格的人才可以招收，而是现行制度招不到合格的人才。如果我们改进了招生制度，每年从600多万名应届高中毕业生和大量知识青年中招收20多万合格的学生是完全可能的。"

据刘道玉回忆，查全性的话一出，坐在沙发上的邓小平感动了。他探出半个身子，示意查全性往下说，"查教授，你说，你继续说下去……你们大家都注意听听他的意见，这个建议很重要哩！"

查全性越说越激动，痛陈当时的招生制度有四大弊端：一是埋没了人才，二是卡了工农兵子弟，三是助长了不正之风，四是严重影响了中小学学生和教师的积极性。"今年的招生工作还没有开始，就已经有人在请客、送礼、走后门。甚至小学生都知道，如今上大学不需要学文化，只要有个好爸爸。"

查全性这一段慷慨陈词，显然击中了邓小平的心弦。

查全性接着提出建议："一、应该建立全国统一的招生报考制度，招生名额不要下到基层，由省、自治区、直辖市掌握。现在名额分配上很不合理，'走后门'很严重，名额分配上，多的涨死，少的饿死。二、按照高中文化程度统一考试，严防泄露试题。考试要从实际出发，重点考语文、数学，其次是物理、化学和外文可以暂时要求低一点。三、要真正做到广大青年有机会报考，能按自己志愿选择专业。大学生可以从应届高中毕业生中招，也可以从社会青年中招。有些人没有上过高中，但实际上达到了高中文化程度，可不受资历的限制。"

　　查全性的一番话，可谓一石激起千层浪，座谈会上插话踊跃，气氛热烈。吴文俊、王大珩、汪猷、温元凯等纷纷发言，赞同查全性的主张。会议印发的《简报》上面是这样描述的："插话踊跃、情绪热烈。"

　　查全性又郑重建议："一定要当机立断，只争朝夕，今年能办的事就不要拖到明年办！"

　　查全性可能有所不知，邓小平1975年第一次复出之时，就想到了恢复高考。他准备在中国科技大学搞试点，从高中毕业生中直接招生。谁知，"批邓、反击右倾翻案风"运动一来，邓小平被再次打倒。

　　查全性可能还有所不知，就在这个座谈会之前一个月，6月29日至7月13日，教育部在山西太原已经召开了全国高等院校招生工作会议，形成了1977年高校招生方案。这个方案还是沿袭以前的招生方针："自愿报考，群众推荐，领导批准，学校复查。"也就是在座谈会召开的同一天，8月4日，教育部已将1977年的招生方案报送国务院了。

查全性更不知，就在科学和教育工作座谈会召开5天前的8月1日，邓小平在听取方毅、刘西尧的汇报时指示："一年准备，从明年开始两条腿走路，一半直接招生，一半从别的路子来，特别是理工科。开学的时间，统一在秋季好。"

按照邓小平的想法，1977年用一年时间做准备，1978年正式恢复高考，生源一半是应届毕业生，一半来自社会青年。所谓社会青年，主要是指1966年、1967年、1968年大学停止招生的"老三届"，还有后来没有恢复高考期间毕业的初高中生。

眼前这位查全性，却提出要在今年就恢复高考。

"今年就恢复高考，还来得及吗？"邓小平侧身转头，问教育部长刘西尧。刘西尧说，推迟半年招生，还来得及。邓小平听了，当场决断："既然今年还有时间，那就坚决改嘛！把原来写的招生报告收回来，根据大家的意见重写。这涉及几百万人的问题。今年开始就改，不要等了！"

第二天，一位新华社记者找到查全性，说："你知不知道,你昨天扔了一个大炸弹,很快全北京都传遍了!"

全国科学教育座谈会全体参会人员合影留念。第三排左八为查全性

1977年10月12日,国务院批转了教育部根据邓小平指示制定的《关于一九七七年高等学校招生工作的意见》。《意见》规定:废除推荐制度,恢复文化考试,择优录取。

从此,结束了11年没有高考的历史。中国的知识分子特别是广大学子们重新迎来曙光。"知识就是力量"的时代开启,千千万万年轻人的命运从此发生转折。

恢复高考,邓小平从1975年第一次复出就开始酝酿,1977年第二次复出就抓紧筹划,准备1978年恢复。查全性独特的贡献就在于在关键时刻关键的建议,打动了邓小平,使得恢复高考提前到1977年。所以,查全性说:"对于恢复高考的问题,实事求是地说,座谈会的主要功绩并不是'首倡恢复高考'而是'促成当年恢复高考'。"

在回忆这次座谈会的情形时，查全性对邓小平充满了敬佩之心。他感慨地说："小平同志听到这个建议之后，很果断地就决定当年恢复高考。假如不是小平同志同意，恢复高考的这个事情还是做不成的。"邓小平的决策改变了几代青年人的命运，改变了中国教育的走向。1977年、1978年考入大学的知识青年，受惠最大最直接，他们之中的大多数成为日后中国社会的栋梁之材。

尽管当下"知识无用论"的观点时不时会浮出沉渣，但不可否认的是，越来越多的中国青年通过高考进入高等学府，自由行走在求知的路上，并拥有了改变命运的可能。

科教工作座谈会可以看作是1978年关于"实践是检验真理的唯一标准"问题讨论和划时代的十一届三中全会的"前哨战"。就科学和高等教育发展的大方向而言，座谈会上小平同志已对一系列重大问题作了明确的结论，以至在此后开展的有关"真理标准"的讨论中和十一届三中全会上，几乎已不再需要花大力气重复讨论这些问题了。由此可见，科教工作座谈会的确是一次极富有成果的重要会议。

## 三

今天，回望1977年的那一天，为什么是他？历史为什么选择查全性而不是别人提出那个建议？

就宏观而言，恢复高考是迟早的事。就个人而言，查全性敢想敢讲，又善抓机遇。

为什么当时敢于提出来恢复高考的建议呢？查全性这样分析："这个会议召开的时候已经是1977年8月初了，那个时候虽然拨乱反正才刚开始，但是情况和'文化大革命'那个时候已经不一样了，'四人帮'也都被抓起来，当时形势已经不同了。我觉得这是主要的一方面。说老实话，假如说我感觉到我说出来没有多大用处而且对我自己有很大的风险的话，那我可能也不会提出来了，所以我说与当时的形势还是有关的。"

还有，邓小平的真诚感动了查全性，也感动了在场的所有人。查全性说："另外一方面，我们在一起开了几天会，我感觉到了小平同志还是很诚恳地听取大家的意见，我们对这个印象很深。他很理解我们，那个时候他的年纪比我们要大得多，他很少发言，就是在听我们的。他要是哪天不来，我们就放假。所以，我感觉到：第一，他很有诚意；第二，我觉得的确是一个好的机会，这个机会非常难得，中国高等教育非常重要。我就是碰到这个机会了，我深深地感觉到假如错过这个机会，非常可惜，这是我的真实思想。当然有一点冒险，不是完全没有的，但是我觉得还是值得的。""我能够提出恢复高考的建议，并不是因为我特别有创见，当时大家都是这样想的。只是我有这个机会讲真话，这个机会难得。我敢于说，主要觉得小平同志亲临会议，如果说了，可能解决问题。冒一点风险是值得的；如果不说，错过这个机会太可惜了。"

不过，当时敢于提这个建议还是有一定压力的，"两个凡是"的思想还没有被推翻，主持座谈会的邓小平因为敢讲真话被打倒刚刚复出。座谈会的前两天，有的学者还在检查自己的资产阶级世界观，许多人顾左右而言他，不敢触及敏感问题。

学生庄林曾经在查全性身边工作多年。透过多年的近身观察，庄林更能体会为什么在历史转折的关头，是查全性老师挺身而出，成为那个敢讲真话的人。庄林有一次问过他当年扔"炸弹"细节，是否如有些人声称的事先有人授意？查全性平淡而坚定地否认，说他其实只是说出了很多人心里想说的话，只是讲了几句真话而已。武汉大学历史学院教授潘迎春指出："作为历史工作者，我认为查先生在1977年首倡恢复高考，既是他个人的贡献，同时也是当时的大势所趋。"经过十年动乱，百废待兴，人才尤其缺乏。在这个重要的历史节点上，查全性的首倡应运而生。他说："查先生自己也是书香门第，他提出恢复高考制度很正常。"

查全性爱憎分明、不争名利的大师风范，也让学生杨汉西记忆尤深。他说："他为人低调，实事求是，客观公正，凡事尽力求证。对自己不是很有把握的事绝不评论，不会轻易就一件事或一个人下结论。但基于强烈的责任感和使命感，他在必要时一定会挺身而出，直言不讳。"在学术报告或交流中，如果查全性发现有错误或不严谨的言论或说法，会直接指出，无论对方是谁。对于他觉得正确的事、需要做的事，他一定会仗义执言，身体力行地推动。而对于不正当的事，一定会力阻，哪怕涉及自己的同事或学生。2004年，学生艾新平首次参加国家863计划电动汽车专项的监理检查工作，查全性专门嘱咐："我对你的专业能力一点都不怀疑，但作为年轻人要做到实事求是，敢于说真话。"

学生陈胜利对于查全性印象最深的，就是他的"慎言与必言"。在陈胜利印象中，查全性老师在会议或其他公众场合总是很仔细地听，一般很少说。

正因为查全性有实事求是之魂，敢想敢说之胆，善抓机遇之智，所以，历史便选择了查全性。

查全性在武汉重型机床厂当工人的大儿子、在湖北钟祥县下乡劳动的女儿也参加了1977年冬季的高考，分别考上了武汉大学的物理系和化学系。他曾在采访中反复强调："我偶然参加了推动历史进程的活动，其实我也是受益者"。

1977年冬的高考考场

## 四

在随后的岁月中，查全性每每回忆起那次座谈会的情形，心情仍然无比激动。他一直保存着1977年8月7日中国科学院、教育部汇编的第9期《科教工作座谈会简报》，其中记载了查全性向邓小平的谏言。武汉大学档案馆馆员吴骁曾借用这份简报扫描，查全性嘱咐他："小心保管，别弄丢了，用完之后快点还给我。"

2009年，首部描写1977年高考恢复始末的影片《高考1977》上映，查全性被作为特邀嘉宾出席。在首映式的最后，所有人向他深深鞠躬，表达感激之情。导演江海洋不无动情地说："感谢查老还给我们自己选择命运的权利！"

2017年10月6日，1977年冬季通过高考进入武汉大学就读、毕业后留校任教的林安，作为武汉大学七七级校友代表看望查全性。那次会面，查全性精神似乎不错。在留存的照片里，身着红色格子衬衫、黑色无袖毛衣的查全性显得有些清瘦，脸上、脖子上布满皱纹，眉毛稀疏，但眼里盛满笑意，嘴角咧开。

这一年年底，为纪念恢复高考40年，感恩查全性当年的贡献，1977年参加高考的IDG资本全球董事长熊晓鸽及合伙人周全向武汉大学捐资1977万元，设立"查全性教授1977纪念奖"。熊晓鸽还特意登门拜谢查全性，握着92岁的老先生的手，鞠了一个躬。他为查老准备了一幅题字："知识分子的天职是推翻成见。"当年，武汉大学共有20名教师获奖，历史学教授潘迎春是获奖者之一。他说："我在学校见过查教授，但除了那次获奖，我们平时没有多少交集，我们全校师生对查先生都很崇敬。我们都要感恩先生。"

2019年8月1日，查全性因病医治无效去世，享年95岁。他的学生在悼词中写道："先生的一生，是智慧的

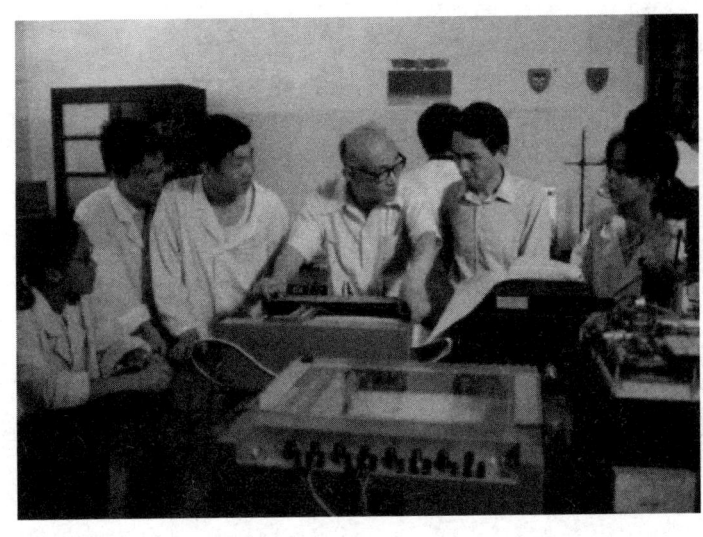

查全性在实验室指导学生

一生,是永远想学、永远无法学尽的一生。"

# 乔登江：
# 半个世纪"核弹人"

> 乔登江（1928—2015），江苏省南京市人。中国核爆炸、核武器效应及抗辐射加固技术领域开创者之一。1997年当选为中国工程院院士。

这位老人名叫乔登江，是我国著名的核物理学家、核试验专家，也是一位实至名归的"两弹"功臣。他的一生可谓富于传奇色彩：9岁为躲避日军轰炸失去右眼；21岁加入中国共产党，从事地下工作；36岁投笔从戎奔赴罗布泊；60岁因癌症摘除一只肾脏；69岁当选工程院院士；84岁时写下"人过八十尚能饭，愿为国防献终生"的豪言。

**"我算是解放后第一批大学毕业生"**

1948年，乔登江考入了金陵大学物理系。四年后的1952年，乔登江毕业。这一年，全国高等院校院系调整，作为教会大学的金陵大学被撤销，主体并入南京大学。乔登江服从分配，进了新成立的南京师范学院，在物理系担任助教。

1954年底，为了提高国内物理教师的理论水平，国家在北京师范大学成立了理论物理进修班。这个进修班的学生，都是从各个师范学院调出来的优秀青年物理教师。乔登江就是当时南京师范学院选调出来的人。

这个进修班，计划邀请苏联专家讲解理论物理课程。但是，这位苏联专家在临出发时却生了病，只能在家休养，进修班的课程先由国内理论物理学老前辈张宗燧教授"顶课"。"三更灯火五更鸡，正是男儿读书时。"乔登江紧紧地抓住这次学习的机会，上课前预习知识点，下课后回顾上课的内容。对知识的渴求，和对这次来之不易的机会的珍惜，让乔登江的进修生活变得越来越充实。不知不觉间，进修已经过去一年了。苏联专家身体也终于康复了，来到中国开始讲授理论物理。这位苏联专家叫苏式金。第一次上这位专家的课，乔登江就和同学们面面相觑。因为他的课一般都是俄文，尽管此前大家已经学过一点俄文，但是对于俄文课程还是听不懂，跟不上进度。该怎么办才好？校领导和专家思来想去，最后决定，宁愿放慢课程的进度，也要给苏联专家配一个翻译员。在苏联专家讲解之后，由翻译员进行翻译，这样配合着来给同学们上课。有了翻译员，上课明显有了好转。

"逝者如斯夫，不舍昼夜。"就这样，原定一年半时间的进修，整整延长了一年。1957年，乔登江从进修班结业回到了南京。此时，南京师范学院与江苏师范学院两个学校的物理系又进行了合并。乔登江调任到了江苏师范学院物理系，教授理论物理的课程。后来，乔登江还担任了物理系副主任及党总支副书记。

那时的师范大学，以教书育人、培养中学教师为己任，学生毕业后大多走上中学物理教学岗位。那些学生在学校学习期间，经常被派往常州、无锡等附近城市的学校进行教学实习。作为他们的老师，乔登江经常到这些学校观摩指导。教室里，黑板前，学生站在讲台前像一名老师一样上课，乔登江他们就像学生那样坐在下面认真听课，听完后还及时提出意见，让学生加以改进。

在江苏师范学院教书的经历，对乔登江个人而言，是颇有益处的。他在回顾这段经历时说，学完理论物理后又教了一遍，等于是把整个理论物理体系重新回顾一次，按照自己的理解复习了一遍，这为以后他开展研究工作打下了很好的基础。

## "投笔从戎,一定要为国家争口气"

1963年3月,乔登江接到了来自北京的一纸调令,让他到北京第二机械工业部报到。当他来到北京报到时,工作人员对他说,不是二机部调他,是军队调他。

乔登江心里咯噔一下,"做什么""在哪里做"都不知道。他又急急忙忙地赶到西直门那边的总政治部招待所报到。

到了那儿之后,乔登江遇到了一位对他一生起着极大影响的人物,他就是日后成为"两弹一星"功勋的程开甲。

程开甲生于1918年,比乔登江年长整整十岁。全面抗战爆发的1937年,程开甲考取当时有"东方剑桥"之称的浙江大学,1941年毕业后留校在物理系任助教,并开始钻研相对论和基本粒子。1946年8月,程开甲赴英国爱丁堡大学留学,成为物理学大师波恩教授的学生。1948年秋,程开甲获哲学博士学位,任英国皇家化学工业研究所研究员。1950年8月,程开甲购买了所需的书籍,整理好行装,回到浙江大学物理系。1952年,全国高等学校院系调整时,程开甲被调到南京大学物理系任副教授。

由于南京大学和南京师范学院离得很近,两校之间经常开展一些活动。就在那时,乔登江认识了程开甲。

他回忆："1952年冬天，南京市把老师组织起来突击学习俄文，我与程老在一个学习小组，一起学习了一个月。当时，我是一个刚毕业的青年助教，知识上缺项很多。于是，程老在南大理论物理的授课就成为我补课学习的极好时机，直到1954年底我去北师大进修，程老一直是我的授课老师。"

后来的1958年，程开甲与他人一起创建了南京大学核物理教研室，又接受任务创建江苏省原子能研究所。1960年，程开甲接到命令，任二机部第九研究所副所长，参加原子弹的研制，分管状态方程理论研究和爆轰物理研究两大块工作，从此在不为外界所知的情况下工作20多年。1962年夏，为了在两年内进行第一颗原子弹试验，程开甲被调到国防科委，任国防科委核试验基地研究所副所长、所长。

见了面，程开甲说："你好啊，乔同学。"

"你好，开甲同志。"乔登江赶忙回应道。

"乔同学，你对冲击波等领域的知识有了解吗？"面对程开甲的问题，乔登江有点困惑。因为，这和他平时所学的体系完全不同，像这样专业的知识就是学物理的人也不是常常接触到。他略带歉意地说道："我只是见过一些材料，有点了解，但还谈不上学问。"

接着，程开甲讲明了此次调令的目的，就是大家齐心合力组建核试验基地研究所理论研究室，准备我国首次核试验。

二机部第九研究所建所初期，共建立力学、光学、核科学、电子学和理论等五个研究室。乔登江被任命为理论研究室副主任，作为程开甲在理论方面的主要助手，领导理论室的年轻同志承担起核爆炸的理论研究。

研究所初期设址于北京通县，开始时只有二十几个从各地调来的年轻专家和少量学生，从1963年暑假开始大批大学毕业生加入，研究所就像海绵一下子吸饱了水壮大起来。但是刚来的大学生们只有理论知识，对研究没有概念，无法下手。所以最先抽调过去的二十几个人就成了骨干，各自带领一帮大学生开展研究。虽然条件简陋，任务繁重，但这些年轻人工作激情饱满，充满着乐观主义。从那时起就与乔登江共事的研究员陈雨生回忆："乔先生喜欢聊天，海阔天空，天南地北，儒人雅士，中外名著，无所不谈。1964年的通县，房少人多。五组的办公室也是该组男同志的宿舍。乔先生经常于晚饭后来此聊天。时常聊天很热烈，各抒己见，虽见解有异却气氛融洽。但乔先生有个原则，30至45分钟后，不管谈话如何热烈，如何兴犹未尽，他一定起身回自己宿舍工作。"

荒凉的新疆罗布泊，"地上不长草，风吹石头跑"，"一年一场风，从春刮到冬"，这里方圆400千米找不到一户人家；孔雀河的苦水喝下去不仅口更渴，还会拉肚子。在经过一年多的理论研究之后，1965年，24位年轻的研究人员开赴这里，为建立新中国核试验基地，进行首次核试验做准备。37岁的乔登江就是其中的一个。

这时，他的妻子从苏联留学归国不久，孩子才一岁半，刚学会叫爸爸。乔登江儿子乔林回忆："1960年妈妈从苏联回来，1963年（爸爸）一下调到马兰去工作，爸爸那时候义无反顾就去了，妈妈当时当然是希望爸爸能够陪在身边的，但是她也知道爸爸是一个不能离开事业的人。""当时家里人都不知道爸爸要去哪里，要去做什么，而且这一去就是25载。"

可想而知，在新疆生活是非常苦的。在刚去新疆的时候，大家住着帐篷，夏天又闷又热，冬天又太冷，有时只能穿着棉袄盖着被子睡觉。各种生活物资极其缺乏，特别是新鲜蔬菜更是十分短缺，每年5月份才有一点蔬菜供应，平常吃的都是菜窖里的菜，像萝卜、土豆之类的，根本见不到绿色。最让人难熬的是对亲人的思念。整整25年，除了一年一个月的探亲假，他和妻儿一直过着天各一方的生活。而且，出于保密的要求，平时与和家人通信的内容都是报平安，不能涉及自己的工作地点和工作内容。乔林就说："爸爸一直跟我讲，他是一个普通的老兵。都是后来的新闻报道，我们才真正了解他到底干了点什么事情，做了多少成绩。"

首次核试验研究所五室参试人员合影于马兰基地（前排左三为乔登江）

进行大规模的核科学试验，在外国封锁技术的条件下必须走一条自力更生的道路。这可是一个巨大的难题，因为这意味着在核试验这个陌生的领域一切从零开始，工作千头万绪，所遇到的困难是难以想象的。乔登江回忆："那个时候条件实在是差，现在是计算机微机，那个时候靠手算，靠手算就要拉计算尺，然后我还跑到上海买那个手摇（计算机），我印象非常深，飞鱼牌的计算机。"

在极差的生活、工作条件下，乔登江废寝忘食、夜以继日地工作着。出生于抗日烽火中的乔登江，从小就饱尝了战乱和逃亡等苦难，他的右眼就是在躲避日军飞机轰炸中，被硬物扎伤失明的。他深知身上任务的伟大和责任的重大,他说:"日本人统治,作为一个亡国奴的这么一个生活经历和精神状态,那都是现代人不可想象的,所以大家都非常希望国家能够强盛。"还说:"我们这一代人心里都很清楚'强大'对于一个国家意味着什么,'两弹一星'精神的第一条就是爱国主义精神。那时个人工作生活条件差些,但我们都还是在爱国主义精神的鼓舞下相互鼓励,迎头前进。大家面临的困难重重,两地分居、生活条件艰苦、接触陌生的工作领域,但大家都非常努力地克服困难、专心工作,因为我们都秉持着'一定要为国家争口气'的坚定信念。"学生张杰就这样评价他的老师:"他们这一代人对国家的这种热爱,对我们国防事业,包括对我们国家科学技术发展的这份忠心,大概是因为他们经历过战乱,经历过贫弱,经历过国家被人欺负时候的那种无助感,所以他们格外把自己的生命和国家的命运绑在一起,绑得格外紧密。"助手朱焕金也说:"艰苦奋斗、无私奉献。乔院士在马兰精神的凝聚过程中,是一个实践者、创造者,也可以说是缔造者。"

"作为军人,就要贡献自己的力量,完成自己的职责。"乔登江这样说。

1964年10月16日,我国第一颗原子弹成功爆炸,戈壁滩上空升起了第一朵蘑菇云。就在人们尽情欢呼之时,时任基地研究所理论预测组组长的乔登江却顾不上这些,他走向指挥所,几位专家正在论证是不是真的核爆炸。

学生王建国回忆:"后来几位老同志都告诉我,他(乔登江)说这个东西肯定是核爆炸,因为大家都可以看到爆炸以后有烟云,起来以后他从烟云的速度高度,是可以判断的,他从现象学的角度去分析,还是很了不起的。"

1965年5月,我国进行了第一次原子弹空投试验,实现了我国核装置到核武器的转变;1966年10月,我国进行了第一次导弹核试验,实现了两弹结合;1967年6月,我国成功进行了第一次氢弹爆炸,使我国核试验的进程超过了法国……

这些"第一次",乔登江都参与其中。与乔登江共事多年的中国科学院院士吕敏评价说:"理论上突破是技术上攻关的前提,在基地这个龙头的位置上,乔登江在某些领域一直起着关键的作用。"

不过,乔登江总是那么谦虚。从1963年起的十年间,程开甲一直是核试验研究所技术副所长兼理论研究室主任,乔登江任室副主任。从1973年起,乔登江接替担任理论研究室主任一职。对于自己的上级和老师,乔登江充满了感激。他说:"在做程老助手期间,在研究室建设的历程中,我学到了许多理论知识、技术指导方法、学风建设要求以及如何为人等诸多方面的经验,终

1996年，乔登江（左一）在试验现场

生受益。""我接过这个重大的技术指导任务后，虽然担子沉重，但是，由于研究室在程老指导下经过长期的建设和实践的锻炼，已经比较成熟，形成了一整套较为完备的工作流程、工作方式和好的作风与传统。在学术方面，也已经有了有关核试验的系统和规律性的认识，积累了不少经验，在理论为实践服务方面建立了威信。这些成果也都让我继承下来了，使我能比较顺利地完成任务。"

在核试验中，安全保障是关系到试验成败的关键。不同的试验方式，安全保障有所不同。在空中试验中，除了确保试验场区的人员和测试安全外，还要确保试验场区以外广大地区的居民安全以及空中飞机的安全；而地下核试验的安全保障，则要求确保试验不冒顶、不放枪，爆炸产生的放射性物质封闭在地下，核辐射和电磁辐射不对测试造成危险等。核试验的安全保障，不但涉及多种学科和交叉学科的广泛知识领域，而且也受核武器总体任务要求等多方面的制约。爆炸期间，乔登江负责爆炸安全及爆炸后的数据处理。在每次核试验中，从项目立项、试验方案的制定、零前准备直到实施全过程的安全论证，他都仔细听取汇报，严格把关，不放过任何对安全不利的因素。但是，为了获得更准确权威的测量数据，他又置个人安危于不顾，深入到有生命危险的地域。在第一次核试验时，为了获得爆炸靶心的实验数据，他带着记录仪，坐车到刚爆炸不久的原子弹靶心周围做现场观察和测量，仪器不时地发出放射量超标的警报。还有一次进行地面核试验，核爆炸后形成了100多米直径的弹坑，他明知道到弹坑观察要受到放射性物质的污染，他还是坚持要去。

1996年夏，中国履行联合国通过的《全面禁止核试验条约》，进行最后一次核试验。当时乔登江已近70岁高龄，第25次走进核试验现场，与年轻的参试人员一起完成了这次试验。他成为我国参加核试验次数最多的科学家之一。中国为打破某些大国的核垄断，为维护世界和平进行核试验的"开篇"和"尾声"，都浸透了乔登江的心血和智慧。

## "如果不是事业撑着，我也许早走了"

就在乔登江的事业如日中天之际，"死神"却悄悄地向他逼近。

1988年4月，在部队的一次例行体检中，时任基地科技委副主任的乔登江被告知：右肾长有恶性肿瘤！面对突如其来的病情，乔登江一下子蒙了。

乔登江冷静地问："我最多还能活多长时间？"

医生说："你必须尽快到北京解放军总医院做切除手术，否则后果不堪设想！"

"可是我还有一项非常重要的试验要做，手术能不能推迟？哪怕是一周？"

"不行！"医生斩钉截铁地说。

尽管医生一再规劝，乔登江还是回到了驻地，安排好了工作。当他住进解放军总医院时，已是一个月零八天之后。

临上手术台前，乔登江还不止一次地问医生："手术后，我还能工作吗？"

1988年6月，他的手术非常成功。手术后考虑到他在大漠戈壁20多年的艰苦生活，加上化疗的反应，当年10月，部队给他下达了离职休养的命令。

他没有怨言，就像当年"一切听从党召唤"来到了戈壁滩一样，今天，他又"一切服从党安排"，脱下了军装。

人退伍，更奋进。乔登江想到还有许多科研课题没完成，硬是"赖"在部队，一边吃药化疗，一边坚持工作。在乔登江看来，身体残缺不是停止工作的理由，唯有工作才能延续生命。

直到1990年，部队下了"死命令"，他才依依不舍离开基地，进了上海干休所，与妻儿团聚。

乔登江虽然离开了马兰基地，但他和他的战友们用青春和热血凝铸成的马兰精神，深深植根于大漠戈壁之上，生生不息。

"身在大上海，心系大西北。"虽进了干休所，他却从没有真正休息过一天。这位少年时期饱受家国沦陷之难的老人，更加懂得国之利器的分量。离休后，他先后主持了七个国家级科研项目课题，取得了九项国家和军队科学技术进步奖，出版了五部共计250多万字的专著。他八次去北京，八次去西安，两次去新疆出差，每次都在一周之上。每次外出，在乔登江简单的行囊中，有一半以上是维系他生命的各种药品。一次，乔登江在某市完成一项技术攻关项目后，又马不停蹄地飞往另外一个城市，参加一个学术研讨会。由于连续奔波，加上带的药不够，他头昏呕吐，高烧不止，经抢救才脱险。

他继续担任全军某国防科研专业组顾问一职。在一些重要的国防科技试验现场，经常活跃着他的身影；在一些重要的相关学术研究会上，经常回响着他那充满激情和略带沙哑的嗓音；在专业学术期刊上，经常能看到他的学术文章。84岁那年，他写下了"人过八十尚能饭，愿为国防献终生"，表达了自己的豪情壮志。

乔林说："他觉得最可惜的是为国家奉献的机会没有了。所以离休之后没多长时间，觉得（身体）可以了，还是要到新疆（基地）去，即使没什么经费也要去，靠自费也要去。""爸爸和事业是不能分开的，事业需要他，他更需要事业，如果没有这个事业的支撑，他可能早就倒下了。"时任总装备部三局副局长的李景回忆："在一个招待所开会，从火车站到驻地，大概四五里路。一间打的要二十多块钱，他就不肯打，自己拉了一个行李包走了四五里路，一直到这个招待所。我到他宿舍去看他，他东一颗（药）西一颗（药）地往瓶子里装，他说（有）这个药，我就好了。"

历时三个寒暑、四易其稿，乔登江完成了70万字的《核爆炸物理概论》，成为我国在该领域唯一的理论专著。这部著作系统总结了地下、大气层、中高空、高空核爆炸所生成的瞬态和持久的核环境系列结果，在目标的冲击波效应、核试验安全保障和评估理论、数值模拟与实验模拟相结合诸方面均做出了重要贡献。对核爆炸火球物理、冲击波的传播规律、光辐射和核辐射的输

**身着军装的乔登江**

运、电磁脉冲、放射沉降等参数在非均匀大气中的传播规律以及经地面反射后沿地面的变化规律进行了系统研究,并进行了全面总结,填补了该领域的空白,为我国核试验做出了开创性的贡献。他说:"我总是有一个想法,(我们)积累了那么多的技术成果和数据,不把它归纳出来给后人做参考,太可惜了。"乔登江还编著出版了《电子元器件电磁脉冲效应手册》。这是在未来战争条件下,特别是在电磁环境下进行通信指挥保障等必备的工具书。看到这本书的国防科工委和电子部的有关专家,对一个高龄的癌症患者能够进行如此大量、细致的研究惊叹不已。学生王建国敬佩地说:"你如果是挡着一只眼睛看东西，一只眼睛是非常费劲的，看东西不聚光，你可以想象他是一只眼睛一个肾的老人，要有非常强的毅力才能写出这么多的著作，而且是影响一代人甚至几代人的著作。"

1997年12月，也就是与病魔抗争的第10个年头，乔登江当选为中国工程院院士。在共和国群星璀璨的两院院士中，乔登江是全军当选中国工程院院士的第一个离休干部。直至此时，这位中国核爆炸、核武器效应及抗辐射加固技术领域开创者之一的老人才走进人们的视野。

## "我要把知识和智慧毫无保留地献给祖国，传给年轻人"

1999年6月28日，华东师范大学逸夫楼报告厅，在如潮的掌声中，71岁的乔登江从王建磐校长手中接过大红缎面的教授、博士生导师聘任书。

"我国国防科技事业要发展，需要一大批掌握一流尖端技术的科技人才，需要一代一代人的共同努力。是党给了我智慧，给了我成就一番事业的机会和舞台。我要把知识和智慧毫无保留地献给祖国，传给年轻人，图的就是党的事业、国防科技事业永远年轻。"乔登江心系祖国未来、倾心哺育人才的高尚情怀，感染了在场的每一位师生。

乔登江早年在北师大进修过,又在南京师范学院和江苏师范学院教过书。现在,已经年届七旬,再次回到教学岗位,老人开心得像个孩子。

在华东师范大学,乔登江主要是从事生物电磁学方面的研究,就是利用光学的方法来研究生物电磁学,是比较基础的研究。虽年事已高,他不遗余力地指导、帮带博士研究生和硕士研究生。在选定研究课题上,他坚持认为理论水平和实际动手能力并重。他对学生论文的审阅修改,详尽而严格,并将自己的许多研究成果"改"进了学生的论文中,汇入了祖国国防科技事业的历史长河中。

对于教学,乔登江有着自己的想法。他说:"老师给学生提出一个课题,只是把学生引进门,而怎么去进行这个课题,必须靠个人的修行,需要做什么事情自己去安排计划,遇到什么问题,应该自己想办法去解决,自己想办法去将那栋楼建起来。只有这样,我们培养出来的学生才是具有创造性的。反之,如果完全依靠导师,作为硕士生也许可以,但作为博士生是行不通的。依靠导师指导,让导师告诉你应该如何去进行一项研究,也许你可以做得很出色,但是缺少了自己的东西,顶多只能算是良好,算不上优。"

在学生们的眼里,乔登江为学、为师堪称一代师

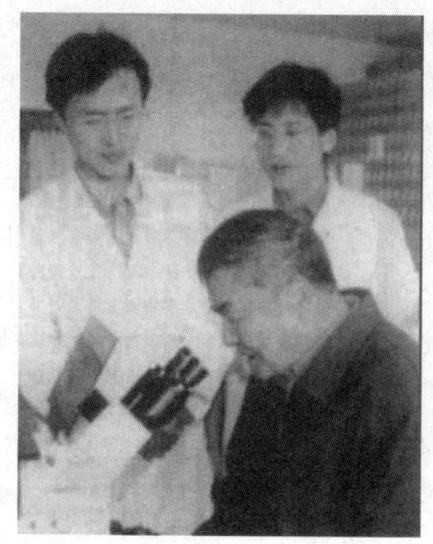

2006年,乔登江在华东师范大学指导学生

表。2004年7月,华东师范大学物理系电磁辐射专业博士生齐红星,放弃了地方诸多公司的高薪聘用,毅然选择了留校任教。他在给自己父母的信中这样写道:"我要像我的导师乔登江一样,研究出更多更新的学术成果,培养出更多更强的科技人才,为祖国和社会贡献自己最大的能量!"

在华东师范大学的讲台上,乔登江一站又是十余年。2015年4月30号,他来到华师大,上了"最后一课"。华东师范大学教师章继敏回忆说:"这是我最后一次看到乔先生,我看他走路都是步履蹒跚的样子,但他还是坚持来学校。"

**晚年乔登江**

几天后的5月8日,87岁高龄的乔登江走完了他杰出而传奇的一生。

## 胡和生：
## 让数学开出灿烂花

胡和生（1928— ）女，数学家，1991年当选为中国科学院学部委员（院士），2003年当选为第三世界科学院院士。

2002年，在北京召开的世界数学家大会上，一位中国的女数学家应国家数学联盟之邀做艾米·诺特讲座报告。该讲座系为纪念世界伟大女数学家艾米·诺特而设立。自1994年起，每四年邀请一位世界知名女数学家做一小时的讲座报告，只有在数学上取得重大的创造性成就的女数学家才能获此殊荣。所以，这位中国女数学家在国际数学界的地位由此可见一斑。

她就是胡和生。

也许，对众多的外行来说，数学是一个难以探测的迷幻之域。可是，它却是挂在世界科学之巅上的一颗璀璨明珠。正如数学家克莱因所说的那样，音乐激发或抚慰情怀，绘画使人赏心悦目，诗歌能动人心弦，哲学使人获得智慧，科学可改善物质生活，但数学能给予以上的一切。

作为一名女性，胡和生为什么选择了数学这门专业？这要从她的家世说起。

胡和生，祖籍江苏南京，1928年6月20日出生于上海。祖父胡炎卿是位国画名家，20世纪20年代与吴昌硕、王一亭、程瑶生齐名，被誉为"沪上四大名家"。因为家学渊源，胡和生的父亲胡伯翔，在绘画、摄影方面均有很深造诣，而且经营实业有成。

小和生聪明过人，祖父画画写字时，她立在一旁观看。耳濡目染之间，她掌握了绘画的一般技法。在小学和中学时代，和生的绘画、书法成绩总是第一名。她虽然瘦小，却不喜欢蝇头小楷，她一挥笔就是一张颜体楷书，有筋有肉，气势雄浑。小和生还天生一副亮丽的嗓子，歌唱得特好，校园里常常飘荡着她悦耳的歌声。这样的资质，在一般人看来她应该成为艺术的又一代传人。

1937年，胡和生读小学五年级。这一年，七七事变爆发，日军大举进攻上海。铁蹄之下，哀鸿遍野。当时胡和生家居环龙路，对街的法国总会已成日军巢穴。一街之隔，日本人站在平台之上，便可尽览对街民舍。胡家兄弟姐妹七人，女孩五人，一家人自是心惊胆战，白天黑夜都拉上窗帘，以防如狼似虎的日寇夺门而入。国家不强大，人民就要遭受欺凌。胡和生幼小的心灵被强烈地震撼了，她渐渐懂得国家积弱积贫，必然要遭受外强欺侮。这简单的道理升华为一种忧患意识，和生的志向就这样发生了转移。也是从那时起，她立志发奋读书，科学救国。

1945年，胡和生考入上海交通大学数学系。她从小体质较弱，终因身体原因于1948年转入上海大夏大学数理系学习。1950年，在新中国的曙光里，胡和生从大学毕业，那是她生命的新起点。老师推荐胡和生到同济大学担任助教，但胡和生决定在数学领域继续深造。当时，北京大学和浙江大学都录取了她，由于父母担心她从小体弱多病，不能适应北方的气候，于是胡和生便到浙江大学报到了，师从苏步青教授。这一年，胡和生22岁。

当时的浙江大学数学系在苏步青的主持下，已经颇具规模，特别是微分几何学的研究和教学，已经形成国际公认的浙江大学微分几何学派。

苏步青培养人才的一个重要途径是组织论文讨论班，要求研究生们阅读数学专著并在讨论班上做报告。苏步青最初指定胡和生读的是意大利数学家莱维-齐维坦的英文名著《绝对微分学》。胡和生凭着毅力和刻苦钻研精神，把书的内容理解得非常透彻。每次的报告都有条有理，不仅做出正确的计算和推导，而且把作者的思路也交代得清清楚楚。渐渐地，苏步青对这位新来的上海小姐另眼相看了。

响鼓更需重锤敲。之后，苏步青经常找来一些国外最新发表的论文交给她阅读，要她在指定的时间内必须读完，一周内做两次读书报告。这些论文往往长达数十页甚至百页，在语种上有英文的，也有德文和俄文的，阅读的难度相当大。和生体质一向娇弱，再加上肺病痊愈不久，每每伏案苦读几小时就支撑不住了。后来，她学会了调整。有力气就狠狠读一阵子，感到力不能支，索性美美地睡一觉，睡"饱"了，凌晨4时即起。她英语基础好，却不谙德文、俄文，硬是靠着几本词典辗转翻译，把那累案累牍的各种文字的论文读薄了，读通了，读懂了。

有一次，胡和生第二天早上要在讨论班上做报告，她"开夜车"到下半夜，实在支撑不住，伏案睡着了，到上午讨论班开始时还未醒。苏步青教授在教室等，见她未到，就匆匆忙忙地到宿舍来找她。敲门声把胡和生惊醒，她十分紧张。苏步青见到胡和生一书桌的论文、字典和讲稿，怒气全消。

回忆那段读书生活，胡和生说："困难我不怕，我就怕别人说我不行。每次登上讲台去汇报，我很平静，一点不心慌，倒是平时读书、做答辩准备时，紧张得要死。老师严厉有好处,我就是在读研究生时养成了勤于思考反复体会的习惯,不懂不装懂,读书不读深、读透决不肯罢休。"

当时,苏步青在中国科学院数学研究所兼职。1951年的夏天,正是在苏步青的推荐下,胡和生成为中国科学院数学所的实习研究员,开始了她的研究生涯。

胡和生在恩师苏步青家中

1952年,全国高等院校进行调整,苏步青调入复旦大学,胡和生也跟随他的步伐来到复旦大学。

到复旦大学后,苏步青挑选了苏联几何学家诺尔琴的专著《仿射联络空间》以及菲尼可夫的《外微分形式方法》为教材开设了两门高级课程。在听课过程中,胡和生积极思考，对诺尔琴引进的一对共轭仿射联络，提出了多重共轭仿射联络的概念，并给出了相应的结果，完成了她的第一篇论文《共轭的仿射联络的扩充》。这篇论文在1953年发表于我国最高学术刊物之一的《数学学报》。老前辈陈建功教授读了这篇闪现思想火花的论文，十分兴奋，勉励胡和生："有了这第一篇，好好干，就会有第二篇、第三篇。"后来诺尔琴为这篇论文在苏联的《数学评论》杂志上写了详细的评价，予以肯定。

果然如陈建功所说，在以后的两三年里，胡和生涉足前沿科学领域，解决了微分几何中若干重要问题。在读了苏联院士雅宁柯的两本长篇著作《高维欧氏空间超曲面的变形理论》和《子流形变形理论》以后，胡和生运用外微分形式方法进一步深入研究，在《数学学报》上陆续发表了多篇论文。老一辈数学家陈省身教授在美国的《数学评论》上对胡和生的这些研究成果加以介绍。

研究数学必须敢于吃苦，胡和生常常为得到一个数据通宵鏖战。她说："不吃苦，不可能成功。在不断克服困难中，我们才更能感受到学习的乐趣。只有用坚忍的精神挫败前进道路上的一个个阻碍，才会走向成功。"

1956年，胡和生被评为中国科学院数学研究所的先进工作者。这是中国科学院数学研究所第一次评奖。所长华罗庚教授特地亲笔写信向她祝贺。

胡和生经常教育她的学生们,"要把困难当成机遇来对待"。这是她几十年总结出来的人生真谛。

在科学的道路上,胡和生把那些困难和挫折叫作"关",过关就是抓机遇。前面说到的读书关、论文关,每闯过一道,她的学业便会有一次飞跃。然而,最难通过的一关却是"冲击关"。

从20世纪50年代到"文革"结束,政治运动一个接一个,学术之争也笼罩着浓厚的政治色彩。在大学和科研机构,每次运动一来,基础理论首当其冲地受到批判,"文革"期间一切知识都被否定,"脱离实际""脱离工农"两顶大帽子压在基础研究工作者头上,弄得人人自危。胡和生却痴情不改,不灰心、不退缩,坚信基础研究是出思想的,而且已经出了许多重要的思想,怎么能否定基础研究呢?

在这段时间里,胡和生学习了弹性力学、量子力学及广义相对论等方面的知识,并且和原子能系的几位教师合作,开展了群论和核谱的研究。胡和生又学习齐性空间几何学和群表示论,开展对黎曼空间运动群与迷向群的研究,这是当时几何方面的一个热门课题。她发表了《论射影平坦空间的一个特征》《关于黎曼空间的运动群与迷向群》等重要论文,推广和改进了著名几何学家李·嘉当（E.Cartan）、托马斯（T.Y.Thomas）和苏联通讯院士雅宁柯（Yanenko）的研究成果。特别是关于黎曼空间运动群的空隙性研究，她开创性地取得了决定所有空隙的一般方法，从而很好地回答了意大利著名数学家富比尼（Fibini）在20世纪初提出的问题。1983年，胡和生作为中国数学家代表团成员访问日本时，著名美籍日本数学家小林（Kobayashi）当面赞扬了她的这项研究。

1974年，著名物理学家、诺贝尔物理学奖得主杨振宁教授访问上海，建议和复旦大学开展有关规范场的数学问题研究。复旦大学成立了科研小组，胡和生成为成员之一。这项延续到"文化大革命"结束的长达数年的合作研究取得了显著的成效，成员们合作完成了《规范场理论的若干问题》等论文。其中，胡和生和丈夫谷超豪合作，利用李群理论构造了所有的球对称规范场并对其做了分类。

1979年，胡和生开始单独研究有质量的规范场，她将规范场的作用量和调和映射的作用耦合起来，得出了有质量的规范场的一种生成方法。她深入地研究了静态解的存在性问题，发现了质量$m$趋向于零时的极限情形和$m=0$的情形大不相同。对这一事实，美国著名物理学家德赛（Deser）在发表的论文和给杨振宁教授的信中，都称胡和生"第一个给出了经典场论中极限$m \to 0$时不

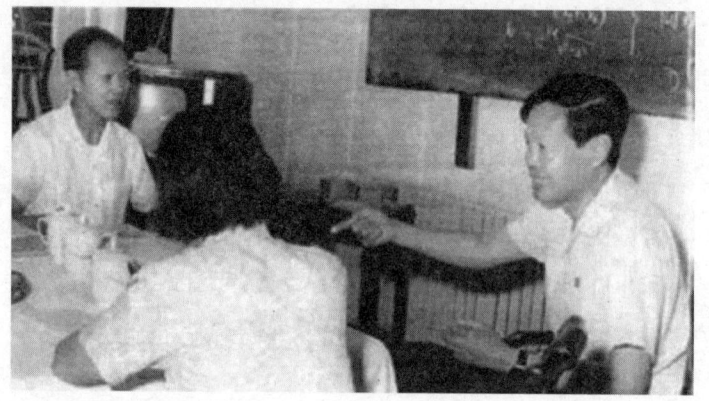

1974年，谷超豪、胡和生夫妇与杨振宁在一起

连续性的显式事例"，"很有意义"。法国科学院院士利奇内罗维茨（Lichnerowicz）和乔奎特·布鲁亚特（Choquet-Brhat）也十分称赞她的这一项研究工作，邀请她参加法国科学院院士大会。布鲁亚特在大会上专门介绍了胡和生，称赞她在规范场方面给出实质性的进展，得出了在物理上和数学上都很有意义的成果。对于与规范场有关的团块现象，胡和生也有深入的研究。法国科学院第一位女院士肖盖在评价她的研究成果时，称她为"在这个数学和物理都重要的问题上，取得重要进展的唯一的人"。

20世纪80年代，胡和生又开展了孤立子的研究。她的这一研究持续了近20年，把现代的孤立子理论和微分几何联系起来，发展了孤立子理论中的达布变换方法并将其应用到调和映照和线汇论等问题。特别是她建立起射影空间的aplace序列和二维Toda方程两者的联系，得出求解方法并又证明了复射影空间中Laplace序列成为调和序列的充要条件等。她因这方面研究多次被邀请在国际学术会议上做报告，并受到高度评价。在2002年北京国际数学家大会上，胡和生所做诺特报告正是这方面的内容。

胡和生从读研究生时期开始，一直从事大量的教学工作，承担着大量的基础课和专业课的教学工作，指导高年级大学生的微分几何专门化的讨论班和毕业论文，长期协助苏步青培养研究生并独立培养研究生。胡和生长期担任复旦大学数学研究所微分几何研究室主任，对于本科生教学非常重视，认为这是吸引未来的微分几何人才的重要阶段。她在70岁高龄以后还坚持给高年级本科生讲授微分几何课程、开设讨论班并指导毕业论文。胡和生积极协助苏步青在复旦大学举办了系列的学术活动，以促进国内高校微分几何的教学和研究。还举办了"微分几何和微分方程国际学术讨论会"，与国际同行开展学术交流。在她的主持下，复旦大学始终是国内微分几何研究的中心之一，在国际上也占有一席之地。1993年至2002年，胡和生是国家自然科学基金委重点项目"整体微分几何和物理应用"的负责人，对推动我国数学事业特别是微分几何事业的发展做出了贡献。

1978年，胡和生和苏步青等编写并出版了《微分几何》一书，这是当时国内率先引入整体微分几何内容的大学教材，被国内众多高校采用。该教材1986年获得国家级优秀教材一等奖。胡和生于1980年被评为复旦大学教授，研究成果在1982年获国家自然科学三等奖，1985年获国家教委科技进步奖一等奖，1986年获国家级优秀教材一等奖。她还担任过中国数学会副理事长、上海数学会理事长和《中国数学学报》副主编。

1991年，胡和生当选为中国科学院学部委员（院士），成为中国数学界第一位女院士。苏步青在推荐发言中对她给予了极高的评价："我毕生致力的微分几何研究方向长期以来依靠她来主持……她是我的接班人。"2003年，胡和生当选为第三世界科学院院士。同年，胡和生获何梁何利科技进步奖。

40多个春秋，在复旦校园，胡和生肩负教学、科研两副重担，走过了风风雨雨、坎坎坷坷。

1979年，在美国，一位华裔教授问胡和生："你们工作条件那么艰苦，待遇又差，弄不好还要受批判，你为什么还这样卖力？"胡和生笑笑，说："不是因为别的，就是因为我们的祖国现在还不富强，祖国需要我。""我们中国人有能力培养出一流数学人才，我自己就是在中国国内培养成长起来的。我认为你们年轻人有条件出国去读书也好，将来回国可以更好地为祖国服务。其实，献身科学和献身祖国的精神是一致的。我为什么不去国外工作呢,就因为祖国的科学事业需要我。"

她无悔。她培育出一代一代数学英才,硕士、博士、博士后有数十人,十多人当上了正教授。

她无怨。她的心血化为80多篇科学论文、两大部学术论著,在全世界传播,成为人类共同的财富。

她更无憾。她苦恋着祖国这片热土,老而弥笃,至今仍在一刻不停地耕耘。她仍然保持着青春的活力,像一个年轻人那样奋发地工作,继续发表数学论文。

胡和生活跃在世界科学讲坛上,十多次在国际重要学术会议上发表入会演说,访问了德国、法国、美国、

1987年,胡和生与课题组成员在一起

瑞士、意大利、日本等国,在20多个著名学府和研究机构讲学与研究,受到各国科学界的高度评价。

她特别关照女同学。她说:"我上大学的时候,抗战刚刚胜利,当时女子在社会上很难立足,我痛苦地思索着,悟出了一点道理,我想,国家不富强受人欺侮,女子如不求发展就不会有地位。怎么发展?我以为就是要自重,要有真才实学,不做花瓶;就是要自主,要有自己的事业与专长,不做寄生虫!""我所选择的专业是数学,这往往被认为不是女同志所适合的专业。确实,搞数学很难很艰苦。当时我了解到,世界历史上能够登上数学高峰、很有建树的女数学家寥寥可数,我就下定决心,一定要沿着这条崎岖的道路走下去。""女孩子要做出好成绩,首先要克服'娇''骄'二气。我年轻时很注意这一点。别人以为我是个'娇小姐',可我偏偏比别人更能吃苦,取得好成绩我也没有沾沾自喜,傲得看不起人。"

1950年,刚刚进入校门的胡和生正是最美的年龄。在这一年,她与谷超豪相遇了。

谷超豪,浙江人氏,生于1926年,比胡和生年长两岁。谷超豪于1943年进入浙江大学,并在1948年成为苏步青教授的助教。

两人第一次见面的场景也是充满了诗意。当时的谷超豪因为在学术研究上十分认真且很有天赋,苏步青为了方便他学习，便安排他去图书馆做管理员。就在图书馆，他们相遇了。

因为专业相同，老师也是同一个，胡和生便大着胆子向谷超豪求教一篇论文，谷超豪立马答应了。

凭着对微分几何的共同爱好，两个年轻人的心迅速靠近。谷超豪温文尔雅，古文修养很好，能脱口成诗，而胡和生从小受艺术熏陶，知书达礼。两人除了切磋学问，还总有着说不完的话题。两人就这样相爱了！像极了言情小说的相遇情节，唯美而又浪漫。

1952年，她和谷超豪双双随苏步青到了复旦大学。1957年，经过七年的"爱情长跑"，在浙大埋下的爱情种子在复旦开花结果。他们喜结连理，成了人人称羡的数苑"神仙眷侣"。

1958年初，新婚不久的谷超豪被国家选派到莫斯科大学留学，在两年内即获得了数学、物理博士学位。学成归国后，夫妇两人相互勉励，几乎将全部精力投入到深奥广袤的数学研究领域中。

40多年来，他们相濡以沫，风雨同舟，在浩瀚的数学海洋里遨游，无一刻停歇。1980年，谷超豪当选为中国科学院学部委员（院士），曾经担任复旦大学副校长、中国科技大学校长和温州大学校长。谷超豪在中国数学界有着非常高的地位，前后培养了30多位博士、研究生，9人当选中科院院士和中国工程院院士，真正做到

紫金山上梅花艳

青年时期的谷超豪、胡和生夫妻

了桃李遍天下。夫妻俩双双成为中国科学院院士,成就了科技界的一段佳话。有人问谷超豪为什么双双事业获得成功,他说:"我和她有共同的追求,能具体沟通,相互鼓励;并且彼此欣赏对方的成就,具体地理解和享受对方的喜悦。"

1988年,谷超豪教授被任命为中国科技大学校长,在62岁时远离了上海,远离了厮守30多年的妻子。他受命于危难之际,学校里百端待理,胡和生时时惦着他,念着他,为他担忧,常常深夜不能成眠。有一次,胡和生到合肥来看望丈夫,听到学校的广播喇叭里播出"谷超豪校长，我们感谢你"之时，她舒心地笑了。

1991年，胡和生当选为中国科学院学部委员，谷超豪兴奋不已，挥笔写下了一首五言诗："苦读寒窗夜，挑灯黎明前。几何得真传，物理试新篇。红妆不须理，秀色天然妍。学苑有令名，共庆艳阳天。"这首诗题为《贺和生》，为胡和生所珍爱。诗的字里行间不仅流露了丈夫对妻子由衷的赞美，更对她的治学精神给予了高度评价，谁读了能不动容？

他们的家，充满着温馨和幸福。然而，这个家没有高档家具和齐全的家用电器，装修极为简单……假如你要求参观他们的家，谷超豪、胡和生夫妇会有些尴尬地说："不能去，不能去，乱得不得了，到处是书，房子也很旧了，墙上的泥灰直往下掉。"

曾有人与这对科学家夫妇探讨生活质量，他们别有一番见解："什么叫生活质量？它首先是精神上丰富。从这一点来讲，我们生活质量相当高，都在从事有意义的事业，把全部的精力放在科学研究和培养人才上。做出重要的研究成果，培养出优秀的青年人，这是我们最大的乐趣。的确，我们的物质生活相当简单，屋里很乱，房子一直未修，常吃速冻饺子和包子，再加自己炒的合胃口又符合保健要求的蔬菜，我们觉得很满足。"

谷超豪小时候受了婶婶的影响，只吃素，肉和鱼都不吃。胡和生回忆："刚刚结婚那阵子，他不肯吃鱼，可是，吃鱼才有好身体。我就想办法，做最新鲜、最好吃的鱼，让他一点点适应。他总算学会吃鱼了。"对胡和生的"改造"，谷超豪表示完全赞同："只有胡和生才能让我吃鱼。"从此，鲈鱼便成了他们家餐桌上的开心美味。当然，胡和生也忘不了，新婚时候谷超豪说："希望你不要在家务上花费太多时间。"几十年来，他们就这样相互影响。

曾经在走过一家美发店时，胡和生忽然笑了："遇到我，理发店就亏了——我理发很马虎的，自己洗了头发，再请谷先生帮我剪短一点，稍微修修就可以了。起初，谷先生说他不会剪，我说不要怕，我的要求不高。"于是，谷超豪慢慢地也就学会了，并且说这办法好，省了不少时间和麻烦。

他们的爱情如火焰炽烈；他们的事业似江河长流。正如谷超豪赠胡和生的一首七言绝句："数苑共游四十年，风雨同舟情更添。不期老来更忙碌，问君几时可偷闲？"

# 何凤生：职业健康守护者

何凤生（1932—2004），我国著名职业病防治专家、职业神经病学的开创者，1988年被授予英国皇家内科学院名誉院士，1994年被选为中国工程院院士。

## 勤奋——机遇青睐有实力、有准备的人

何凤生，1932年6月生于南京市，祖籍贵州省贵定县。父亲何兆清以贵州省第一名的成绩考取了南京高等师范学堂。大学三年级时，广东省招考官费留法学生，他经考试录取，1921年赴法国，在里昂大学学习，攻读逻辑学。1926年，何兆清获硕士学位回国，投笔从戎，参加了北伐战争。不久，他辞去军职，回到南京东南大学（即原来的南京高等师范学校），担任哲学系教授，从此开始了他一生的教学生涯。1937年发生七七事变，全面抗日战争爆发。何兆清举家内迁重庆。"中央

大学"和重庆大学联合创办了所子弟小学,并聘请何凤生的母亲担任小学校长,何凤生及兄弟均在这个小学里读书。抗战胜利后,一家人回到南京。东南大学改为南京大学,何兆清继续在南京大学任教。1952年全国高校院系调整,何兆清调到北京大学哲学系担任逻辑学教授。他是我国著名亚里士多德形式逻辑学专家,著、译有《科学思想概论》《逻辑之原理及现代各派之评述》《论理学大纲》等作品,并发表多篇论文。

何凤生的母亲梁兆纯,1905年出生于广东省梅县一个侨眷家庭。少年时只身到上海考入江苏女子师范学校,后转学到南京女子师范学校,最后于1928年毕业于南京东南大学教育系并留校任助教。抗日战争爆发,她应聘担任贵阳女子师范学校的训导主任,后到重庆担任中央大学、重庆大学联合子弟学校校长,又在重庆大学教育系任副教授。中华人民共和国成立后,她在北京中国文联民间文学研究所从事《民间文学》的编辑工作。

成长于这样的家庭,何凤生耳濡目染,从小就养成了勤奋好学、积极上进的态度。她五岁进入小学,因勤奋好学,年年考第一,五年级就跳班考取初中,进入中大实验班(全名为中央大学心理实验班)。这虽是一所中学,但教学水平高,师资大都为中央大学的教授、老师和毕业的高才生。实验班对学生的学习抓得紧,将各科的及格分数线提高到70分(各学校通例是60分)。

学生以中央大学老师的子女为多，学习气氛浓，被誉为"天才儿童"班。在校三年，何凤生品学兼优。同学曹锦回忆："我班女生何凤生，在班上个头最矮，年龄最小，她是中大哲学系教授何兆清之女，母亲系中大附小校长。她非常用功，在校在家一心学习，很少玩耍，每学期各科成绩总是名列前茅。"后来成为美国马里兰大学教授的方天觉回忆："女同学中何凤生功课呱呱叫，现为院士，一点也不意外。"同样成为美国马里兰大学教授的同学许翼云也有回忆："中大实验班的老师很多是中大的教授或讲师，这些老师均是饱学之士，而且认真，并各有其独到的教育方式，英文老师温同庆有一个特别的教法，是快读，每人站起来读昨日的课文一段，她用马表计测时间，再折算成每秒多少音节。我口齿不快，读快了就会打结，所以每秒只能读4—5个音节。有一位小女生，叫何凤生，可读到6个音节以上，又快又清楚，大家只有望尘莫及而已。"

1945年，何凤生随家返回南京，进入南京中华女中高一，次年秋季转学至中央大学附属中学读高二。这是江苏省也是全国一所著名中学，师资力量雄厚。由于何凤生对英语有兴趣，1947年读完高中二年级时曾报考金陵女子大学外语系，被录取，后在母亲的说服下放弃了这一机会，继续完成高中学业，并选择了一个适合女孩子"自立"的"自由职业"——医学。1948年，时年16

岁的何凤生以连年第一名的成绩被保送到中央大学医学院，并获奖学金。南京中央大学医学院是我国驰名的高等医学院，拥有一大批声名卓著的医学专家教授，如潘铭紫（解剖学）、郑集（生化学）、蔡翘、吴襄（生理学）、高济宇（有机化学）、阴毓章（妇产科学）、姜泗长（耳鼻喉）、宋少章、牟善初（内科学）、孙传兴（普外）、许殿乙（泌尿外科）、吴在东（病理）、苏鸿熙（心外科）、陈华（口腔医学）等。在中央大学医学院的六年学习期间，何凤生与同学们受到了系统的高等医学基础理论、临床实践的教育和熏陶，为今后从事医疗卫生工作打下了坚实的基础。

人的成功有赖于多种因素，天赋、勤奋、机遇，甚至更多。在何凤生看来，人与人之间在天赋上的差别是有限的。她说："你要想取得比别人更好的成绩，就要比别人付出更多的努力。"

## 转向——投身劳动卫生职业病防治

在医学院五年课程结束后，第六年也是最后一年进入临床实习期，何凤生被分配到中央大学医学院附属医院（简称大学医院）实习。由于过度疲劳，何凤生患上了活动性肺结核，出现大咯血等症状，结果被送进医院，经过一年的治疗病情才靠稳定。出院后，由于大学医院已遣散，学校将她分配到华东军区总医院继续实习。

1955年3月，何凤生一年时间的临床实习结束，被分配到北京解放军总后勤部，总后勤部又将她安排到和平医院，从事神经内科临床业务。

人的神经系统是个结构与功能极为复杂的组织器官，当神经系统受到损伤后，可以产生严重后果。在CT、MRI等影像学新技术尚未问世的年代，神经系统疾病的定位诊断主要依靠丰富的神经解剖与神经生理知识，并需准确掌握神经系统检查法。经过几年的努力钻研，何凤生很快准确熟练地掌握了重要神经通路的复杂解剖学结构及生理功能，以及神经系统定位诊断的基本功。

正当她踌躇满志决心把毕生精力献给神经病学的时候，却在1961年突然接到调令，到中国医学科学院卫生研究所报到，担任我国职业医学的奠基人吴执中教授的神经内科专业的助手。

吴执中，1906年出生于辽宁省新民县，1933年赴英国格拉斯哥大学医学院深造，通过考试获英国格拉斯哥皇家内科学院院士头衔，1935年回国后先后在沈阳盛京医学院及北平协和医学院任教从医，1937年应聘到湖南湘雅医学院内科任教，1939年任内科教授兼教务主任。1945年抗日战争胜利后，吴执中应邀至美国费城结核病研究所考察八个月，1947年回到长沙，继续在湘雅医学院执教。中华人民共和国成立后，东北建设蓬勃开展，医务技术骨干紧缺，卫生部调吴执中到沈阳中国医科大学，于1951年任该校内科主任教授兼教务长。1956年，吴执中被选派到苏联接受职业病防治的培养，三年后回国担任中国医学科学院卫生研究所副所长。

正是吴执中的这一调令，使我国少了一个优秀的神经科临床医生，而多了一位有突出贡献的职业病防治专家。

由于对职业病并不了解，何凤生不明白自己这个神经科医师能在职业病防治上做些什么，感到无所适从。也许是看透了她的这个心思，吴执中刚一见面就对她说，职业病中有很多是由职业因素损害神经系统造成的疾病，需要用神经科学的技术手段来研究与处理。两个月后，一次紧急出外抢救任务消除了她的疑虑。事故发生在西北某地农村。在春播时，为了防止小麦的病虫害，农民们用有机汞农药浸泡麦种。但由于药液浓度过大，导致麦种不能发芽。农民舍不得扔掉，拿来煮饭吃，结果导致百余农民有机汞中毒，更有数十人死亡。何凤生当即跟随吴执中飞赴兰州，赶到现场，不顾旅途疲劳，走村串户，夜以继日地抢救病人。"如此大量、严重的神经系统疾病病人，我还是第一次遇到。"她受到巨大的震撼，也认识到了自己身上的责任和今后研究

何凤生（左一）、吴执中（中）参加卫生部医疗队赴甘肃省白银市抢救汞中毒病人（1961年）

工作的方向。在实战中，她第一次直观地感受到神经病学和职业病防治之间的密切关系，意识到劳动卫生和流行病学对预防中毒的重要性，体会到自己作为一名职业病防治工作者责任的重大，坚定了用科学知识保障生产第一线群众健康的信心与决心。

1957年，何凤生与钱方毅迈入婚姻的殿堂。钱方毅，江苏无锡人，比何凤生大三岁。两人在中央大学附中是同班同学。1948年，何凤生被保送到中央大学医学院。同年钱方毅高中毕业后通过高考，也进入中央大学医学院，又与何凤生同学。他们在医学院中同窗共读近六年。从1946年由相识、相知到相爱，到这一年进入婚姻殿堂，长达11年之久。婚后他们相亲相爱，相濡以沫，经历了风风雨雨及生活中的艰辛和磨难，相互信任，相互理解和支持，共同度过了47年的岁月。

## 务实——为解决劳动者疾苦而贡献毕生精力

20世纪70年代，北京一家化工厂成批的工人出现手脚麻木和四肢无力的症状。严重的病人湿毛巾拧不干，包饺子捏不紧，骑车、走路困难，活动不得不依靠轮椅。何凤生和同事们对患者进行神经系统和神经肌电图检查后证实，他们患的是多发性神经病。但病因是什么呢？经现场调查，发现工人们接触到的化学物质有三种，其中一种称为氯丙烯的化工物质在常温条件下易于挥发，在车间空气中的浓度高得惊人，而其他两种化学物的挥发性不强，她敏锐地感觉到氯丙烯可能就是危害工人健康的罪魁祸首。对科研工作者来说，感觉只是一个前提，只有通过科学研究证实，才能得出结论。但是，所有能够查到的文献都提示，氯丙烯对实验动物具有肝、肾毒性，却没有任何产生神经毒性的记载。她决定带领研究人员通过动物实验来揭开这个谜。结果，不仅看到了经过较大剂量的氯丙烯染毒数周后家兔出现了瘫痪症状，而且在光学显微镜下观察到中毒动物的周围神经发生了变性，首次获得氯丙烯是周围神经毒物的病理证据。但由于当时实验设备的局限性，使进一步深入研究陷入困境。

机会终于来了。1979年何凤生去往伦敦大学神经病学研究所进修。该所神经病理科主任Duchen教授向她介绍了他们正在进行的课题，问她愿意参加哪一项。何凤生表示想继续做国内已开始的氯丙烯神经毒物的研究。她十分珍惜这一难得的机会，利用该所优越的实验条件，学习应用电镜等现代实验技术，继续进行在国内未完成的课题，系统地研究氯丙烯对中毒小鼠神经系统的病理。何凤生经过一年多夜以继日的钻研，通过大量实验，首次证实氯丙烯为周围神经毒物，其神经病理具有中枢-周围性远端型轴索病的特点。这一发现，丰富了中毒性神经病发病机制的新理论。1980年圣诞节至新年的几天假期里，她谢绝朋友的邀请，钻进实验室里对资料进行整理、总结和分析，然后写出论文，该论文题为《氯丙烯中毒小鼠的神经病理学研究》，投寄到神经病理学著名刊物 *Acta Neuropathologica*，发表于该刊1981年第55卷第2期上。1982年她回国后，利用已取得的科学依据，与协作单位合作研制了《职业性慢性氯丙烯中毒诊断标准及处理原则》，提出车间空气中氯丙烯最高允许浓度的建议值，经卫生部分别批准为国家诊断标准和国家劳动卫生标准。何凤生的这一独创性成果，在1984年荣获意大利劳动医学基金会首届Scipionecaccuri（西比昂·卡古里）国际奖，这是我国职业卫生领域在国际上获得的第一次大奖。说到那天，何凤生充满了自豪感："我们中国人做出的独到性研究，不但解决了氯丙烯的诊断与预防问题，还在理论上进一步阐明了发病机制，指出了中毒后使人出现了中枢周围性远端型轴索病，从而有力地保障了生产工人的健康。"这项成果，还在1987年荣获国家科技进步奖二等奖。

自20世纪70年代初起，我国北方农村每年初春常流行一种非炎性脑病，起病急剧，病人很快出现抽搐与昏迷。存活的病人，因出现迟发性肌张力不全，造成终生残疾。病例多发生在儿童，到20世纪90年代初已发生900例，死亡88人。经食品与营养学专家研究，发现与食用真菌污染甘蔗有关。南方秋季收获的新鲜甘蔗运到北方贮存一冬，要等到春节前后方才出卖，如甘蔗贮存不当，会污染真菌致内部变质。何凤生和她的团队从临床神经病学角度出发，通过动物实验，用节菱孢提取液及3-硝基丙酸成功地复制出脑部两侧纹状体选择性病变的动物模型，证实3-硝基丙酸损害动物和人的锥体外系神经的一致性，进而用神经生化实验，研究了其发病机制。这一结果为其后彻底控制该病做出了重要贡献，并被国外学者引用为研究Huntington's Disease（亨廷顿舞蹈病）的动物模型。该研究成果获得1987年卫生部科技进步奖一等奖、1988年国家自然科学进步奖三等奖、1993

年卫生部科技进步奖二等奖。由她撰写的论文《3-硝基丙酸中毒性脑病》被载入2000年美国出版的《临床与实验神经毒理学》权威著作中。

我国农作物常年病虫害发生面积达35亿—40亿亩次，必须大量使用农药。20世纪90年代后期，为克服害虫抗性，提高杀虫药效，农民普遍将农药自行混配；同时，国内农药厂家也因各种原因转向生产农药混配制剂，以致我国混配农药的品种及产量剧增，混配农药中毒的病例日渐增多，并已成为当时广大农村劳动人群重要的职业卫生与公共卫生问题。何凤生主持了"九五"国家攻关课题"混配农药中毒的防治研究"，在混配农药中毒的流行病学、毒理学、生物标志物及临床研究四个方面取得了重要成果。该课题荣获2001年中华医学科技奖。

在临床职业病病例中，有多种化学品均能导致中毒性周围神经病。其中正己烷为一重要的工业有机溶剂，在黏胶配制、油脂萃取、除污、干洗、制鞋、制球、印刷、油漆、制药、家具制造及电器制造等作业中被广泛应用；可经呼吸、消化道、皮肤进入机体，生成具有神经毒性的代谢产物。职工接触正己烷时，如防护不周，可发生职业性化学品中毒性周围神经病，迄今尚无有效治疗药物。由何凤生负责的课题组，对正己烷中毒周围神经病应用我国自制的NGF治疗，从而证明NGF是治疗该病的一种安全有效的药物。

何凤生与同事们还先后对汞、铅、锰、丙烯酰胺、溴氰菊酯及氯戊菊酯、一氧化碳、二硫化碳等进行了研究，并获得了重要成果，对防治这些有害物质引发的疾病做出了贡献。

此外，何凤生十分重视基础医学与预防医学研究的意义与结合，组织全国十多所大学和科研院所实施"环境化学污染物致机体损伤及其防御机制的基础研究"（国家重点基础科学研究项目），为提高我国的预防医学研究水平做出了贡献。

何凤生还活跃于国际职业医学学术界。1987年9月，第22届职业卫生国际会议在澳大利亚悉尼举行，她被大会邀请做主旨学术报告，是国际职业卫生委员会成立80余年来首位被邀请在国际职业卫生大会上做特邀主旨报告的中国专家。1991至1994年，她在日内瓦世界卫生组织（WHO）担任职业卫生顾问期间，积极组织了多个职业卫生的国际合作项目。在1994年10月北京举行的WHO职业卫生合作中心会议上，何凤生作为主要发起人和倡导者，提出并代表中国签署了"人人享有职业卫生保健"的"长城宣言"，鼓励各国政府部门制定特殊的职业卫生政策和计划，包括制定适宜的法规，建立相应的组织机构。这个宣言被WHO采纳成为全球职业卫生发展战略，堪称全球职业卫生事业发展的里程碑。

## 忘我——永远工作在第一线

在谈及何凤生时,她的同事和学生们提到最多的字,就是"忘我"。

1979年,何凤生被派往英国伦敦大学神经病学研究所进修。那年她已47岁了,却仍像年轻人一样如饥似渴地学习新知识。医学院每天中午都安排有公开课,何凤生往往是刚出实验室便又一头扎进教室,面包成了她的固定午餐。1980年,她发生子宫肌瘤大出血,却仍然带病工作,术后只休息了10天,便又立即投入了紧张的实验。

20世纪70年代,她曾连续三年到贵州山区一个汞矿蹲点,开展汞中毒的防治研究。该矿在贵州的玉屏县,那时交通极为不便,从北京到汞矿要先乘30多个小时的火车到湖南的娄底,下车后再坐三天汽车才到位于小山沟里的汞矿,路途颠簸,十分艰苦。她与工人朝夕相处,亲自体验到工人劳动条件的落后、生活的艰辛。为了采集患病工人的尿样,她常常沿着崎岖的山路下到几十米深的矿里,背上几十瓶尿样后再从坑底爬上来,出了坑口早已累得双腿发软,气喘吁吁,后背也往往被洒出的尿样浸得透湿。为了改善工人疗养条件,通过她的努力促成当地领导把一所幼儿园改造为汞矿工人疗养所，使工人能离开矿区得到安心静养和治疗，后来该疗养所成为矿汞治疗的基地。学生周晓蓉回忆："通过仔细观察病人，发现中毒病人脱离环境后中毒症状能缓解，如果不是深入一线是不可能体会到的。所以病人都亲切地叫她'何大拿'。"

同时，何凤生还承担"中间期肌无力综合征"发病机制研究课题。五年间每逢夏天，她冒着酷暑率领研究小组奔赴山东、河北等县市，"滚"上两个月。农村条件差，可她毫无特殊跟大家一起吃农家饭，住农家院，每天起早贪黑下地头看病人，测试农药浓度，给病人测定肌电图、生化指标。学生杨东仁回忆："她独自走村串乡，查访农药中毒高发区。为及时救治病人，获得第一手资料，她常常半夜与我们年轻人一道奔赴急救室。她每日早晨亲临病床，探视病人，嘘寒问暖。基层医院条件差，为记录病人肌电改变，常常是汗湿衣背。看到这种情景，病房中的老乡无不为之感动，拿起草扇站在背后为我们驱暑。"在学生杨东仁眼中，何凤生是严师，是慈母，也是可亲可信的朋友。学生高耘也回忆："1991年到江苏有机磷农药中毒现场，四人住一间房子，木板床，一层薄被。作为领导和专家，她没有任何特别的要求,在太阳下进行详细调查，身上被蚊子咬起很多大包。"

学生郑玉新回忆，1996年秋，何凤生带着他去江西的一个工厂为职业病人会诊。"我们是乘了一夜火车从北京到南昌,早晨到新余再到工厂,一放下行李,风尘仆仆的何教授就带我去卫生室为病人查诊,她查得是那么认真、仔细,一边检查还一边为我和当地的职业病医生讲解,最后与大家讨论并提出治疗原则和方案。更让我吃惊的是,她能叫出很多患者的名字,与这些患者像老朋友一样交流。等到把所有患者都检查完了,已经是夕阳西照了"。那情那景,令郑玉新终生难忘。令他终生难忘的还有何凤生严谨的治学态度和忘我的工作精神。"1996年夏天,我刚到北京做博士后的第一周,何教授就带我去军事医学科学院图书馆查阅资料。一到图书馆,她就忘我地工作起来,看着何教授沉浸在书海中

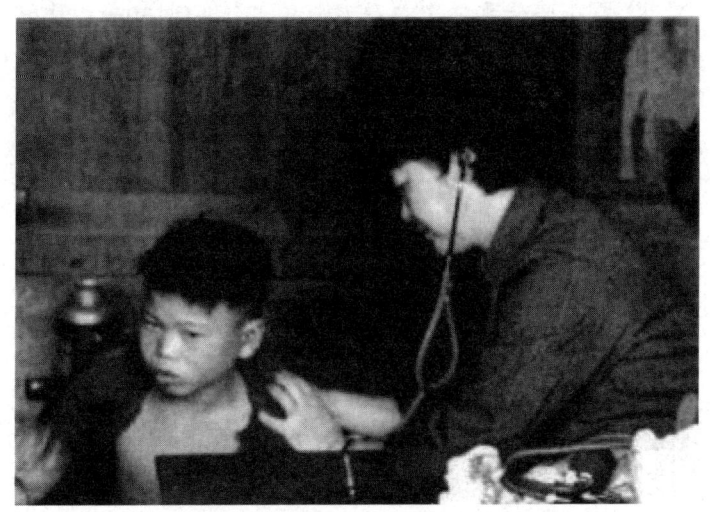

何凤生在贵州省铜仁地区为村民检查身体(1985年)

的背影,我找到了学习的榜样:从早上7时出发到晚上10时回来,十几个小时的连续工作,对三十几岁的我来说,感觉很疲倦,可是看看何教授依然是精力十足聚精会神地边读边记,敬意油然而生。"

春节、国庆等长假期都是何凤生埋头笔耕的黄金时段,由她主编的200多万字的《中华职业医学》和数十万字的《神经系统中毒及代谢性疾病》等大型参考书都是利用节假日和晚上时间完成的。为了最大限度地利用有限的时间,她总是婉言谢绝与工作无关的社会活动,来去匆匆。同时她也这样要求自己的学生:"我们出去是为了工作,吃住行都要以工作为出发点,要不怕吃苦,要抓紧时间,在现场工作对我们是一种全方位的锻炼。"同事康伟平一次去看望她,"中午1时30分,我敲开何教授办公室的门时,看到她正在伏案工作,偌大的办公桌上堆满了资料。在她身后的一张很大的长条桌上也分门别类地堆着十几摞资料。她亲切地招呼我坐下。在谈话过程中,我发现她的手里始终习惯性地拿着她工作时用的笔"。

早睡早起是她多年来的习惯,一般早上4点多钟就起来工作。1990年,她与同事们一起参加在泰国首都曼谷召开的第13届亚洲职业卫生大会。据邹昌淇、李德鸿回忆,会议期间,她凌晨4点多起来,怕影响同房间人睡觉,躲到卫生间里看书,准备发言稿。到了2003年3月,邹昌淇、李德鸿又同她一起去巴西的伊瓜苏参加第27届国际职业卫生大会。整个行程要42小时，转机3次。在法兰克福机场转机时要等12个小时才能乘下一个航班，又不能出机场，一般人都十分疲劳，她却利用这段时间在笔记本电脑上连续工作四五个小时，撰写回国后在全国卫生标准会上的发言稿。

何凤生的家在北京郊区的草桥，上下班要从南到北穿过半个城市。为了节省上下班用在路途上的近三个小时的时间，她以所为家，大部分时间是在办公室里度过的。办公室的实验边台曾长期是她的床铺，一周的六个晚上都是睡在那里。周日多是上午先到医科院图书馆看书，下午才回家看看，即使节假日也是在家里办公。自从实行"黄金周"以来，她一般最多与家人团聚1—2天，剩余的假期都在办公室里度过，食堂不开伙就吃方便面，经常工作到深夜。紧张的工作使她不能照顾家人，当她的女儿在医院难产时，她却还在实验室做病理试验。同事关切地问她："您的家人能理解吗？"她笑着说："他们习惯了。"

对"小家"而言，她是失职的。她经常调侃自己最不愿意做饭了。在她看来，做饭是在"浪费时间"。为什么会是这样呢？原来她把整个身心都投入到科学研究工作当中去了，总觉得时间不够用。但对于"大家"来说，她却是尽职的。

2003年底,何凤生被确诊患胰腺癌。在她生病休息和住院的日子里,郑玉新成了她的通信员,负责每天把信件和文件送到她的病床前。在学生眼中,那是什么样的病床呀?明明是办公桌——床的两侧堆满了文献、资料,她说这样拿着方便;床前摆着笔记本电脑,她是侧着身躺在床上在计算机上写稿子。郑玉新还回忆:"疾病使她第一次安静地坐下来和主治医师共同研究治疗方案,而她面对疾病的坦然无不令周围的同志感动。为抓紧时间,刚刚完成全身麻醉大手术的她,左手打着点滴,右手却在敲击着键盘。她的病房,经常变成研究课题的讨论会现场,每次会一开就是一下午。"同事邹昌

何凤生参加第三届职业与环境卫生神经行为学方法国际研讨会并在大会上做报告(1988年)

淇、李德鸿也有类似的回忆："为了争取在有限的时间里能按时完成课题计划，在术后恢复的日子里，她不顾病痛，左手输液打点滴，右手还在敲打电脑键盘，和课题组成员讨论修改论文，组织编写职业中毒师资培训班教材等，把病房当成会议室，一讨论就是大半天，组内的同志真是心疼。"

何凤生对工作的认真，直接感染了她的同事和学生。冷曙光说："报考何老师的博士，是我多年来最正确的选择，现在我留所工作，怎样正确处理科学、人生，以及今后生活的态度，何院士就是我的样板，她的优秀品质时时刻刻影响着我。她工作劲头非常足，做任何事情都认真仔细，一丝不苟。"高耘说："何老师是我心中最佩服的人……她对工作兢兢业业，对生活从不计较。"孙金秀说："何医师是我永远的恩师、榜样和偶像。与何医师接触对我是受益终身，她惜时如金，对所有事情都要求今日事今日毕。"同事陈泓说："何凤生院士工作起来废寝忘食，具有为科学献身的精神。"周海城说："何凤生同志是我们的良师益友，我们都被她忘我的工作精神所折服。"郑玉新说："在何凤生院士身上，我看到了老一辈科学家的风范。何凤生院士不仅在中国，就是在亚洲甚至世界，都可以说是职业医学的领导和先锋。"

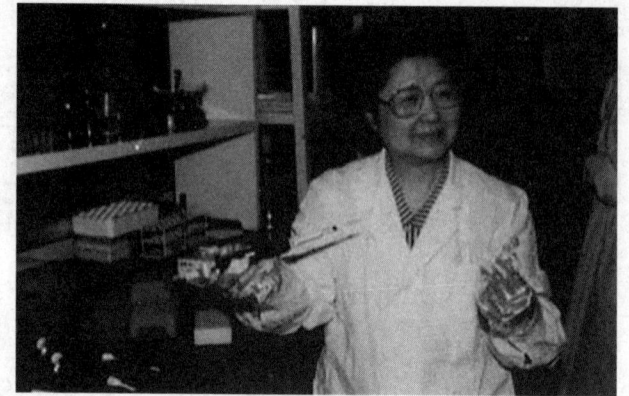

2002年,何凤生在实验室

# 后　　记

南京，自古以来就是一座崇文重教的城市，有"天下文枢""东南第一学"的美誉，明清时期中国一半以上的状元均出自南京江南贡院。截至2020年，南京有各类高等院校59所；有两院院士81人、特聘专家87人，均居中国第三。

这本《紫金山上梅花艳》，辑录了张涤、业治铮、顾知微、赵仁恺、查全性、乔登江、胡和生、何凤生等八位南京籍院士的事迹介绍文章，描绘了他们的学习和工作的经历以及为国家科学教育事业所做的贡献，阐述了治学和成功之道。在搜集、写作的过程中，作为一名后辈，我深深地被他们对科学和真理的诚挚追求，以及对祖国、对人民的无限忠诚及赤子情怀所感动，时不时地泪流满面。

这些院士所展现出来的爱国、正直、勤勉、敬业和聪慧、精明、踏实、严谨，至今值得我们每一个人好好铭记和学习：

一是报效祖国的情衷。1949年10月1日，中华人民共和国成立。远在美国密苏里哥伦比亚大学求学的业治铮毅然放弃了即将结束的博士学位的学习，婉拒了导师提出的举家移居美国的邀请，回到祖国的怀抱。他对导师说："我是一名中国人，祖国现在需要我……我要回国。"豪言壮语，掷地有声。在随后的数十年间，他长期致力于沉积岩、沉积矿床和海洋沉积地质学的研究，成为我国古海洋研究和探索的奠基者。同样，在英国剑桥大学化学系就读的张滂也放弃了国外相对优渥的学习生活条件，毅然决然地回到祖国，在化工合成领域孜孜求索，取得了许多独创性的成果。还有，在大学教书的乔登江，在化工厂担任设计工作的赵仁恺，听从祖国的召唤，毅然放弃了自己的专业，跨行业投身于国防建设领域，在几近一张白纸的条件下为我国的核弹、核潜艇事业而奋斗，为打造"国之重器"做出了毕生的贡献。"投笔从戎，一定要为国家争口气"，是他们的铮铮誓言，也是他们一生行为的准则。还有，查全性在1977年面谏邓小平同志，首倡恢复高考并被采纳，被誉为"倡导恢复高考第一人"。"知识就是力量"的时代开启，千千万万年轻人的命运重新迎来曙光。查全性的直谏，何尝不是家国情怀的直率表现？！

二是矢志科学的理念。在各自的研究领域，这些院士以科学精神、科学方法，辨真伪、明事理、彰是非，在科学研究的道路不断探索。对科学的追求，对国家强盛的期望，成了他们投身事业的精神支柱。乔登江在身患绝症后，依然活跃于科研领域，"鞠躬尽瘁，死而后已"。同样,确诊患胰腺癌的何凤生并没有被病患所吓倒。为了未竟的职业病防治事业,她把病房变成了自己的工作室。学生回忆:"她的病房,经常变成研究课题的讨论会现场,每次会一开就是一下午。"还有,年逾花甲的业治铮身先士卒,以花甲之年带领年轻人三赴西沙群岛考察,解剖西沙现代礁沉积相机理,首次提出晚更新世风成砂屑灰岩及古土壤层沉积序列和相模式,重建了西沙海域晚更新世的气候变化历史和岛屿发育过程,填补了我国滨岸风沙沉积的空白。数学家胡和生数十年如一日,在微分几何研究领域孜孜不倦地探索着,不断取得难度大、水平高的重要成果,摘取了数学学科"皇冠"上的璀璨明珠。我国古地层的研究起步较晚,顾知微不迷信权威,纠正了"祖师爷"葛利普的理论,开创了我国古地层研究的学科;在随后二三十年进行更加深入的研究,他又勇敢地否定了自己当年的结论,也即肯定了葛利普部分观点的正确性。

三是敢为人梯的精神。他们在不断科研探索的同时,还承担着从事教学、陶育后进的责任。在他们看来,"人生不是一支短短的蜡烛,而是一支由我们暂时拿着的火炬,我们一定要把它燃得十分光明灿烂,然后交给下一代的人们"。业治铮是一位有战略眼光的地质学者。早在20世纪50年代,他便预言未来是海洋的世纪,积极倡言重视对海洋的研究。他去东北参与筹建地质专科学校和海洋地质研究所，培养新中国第一批地质人才和海洋研究人才。1953年全国高等院校研究生工作开始以后，张滂始终其事，先后共指导过7位老师和9位研究生。1977年实行学位制度以后，他又指导过6位博士生和11位硕士生。他们在不同的工作岗位上从事着有机合成的教学和研究工作，做出了不少创造性的成果，很多人已成为业务骨干，有的已成为学术带头人。查全性在武汉大学建立电化学研究所，孜孜不倦奋战在电化学（电极过程）教学和科研一线，为我国培育了一批又一批的电化人才。作为火种，他们做到了烧尽自己，点燃别人。

　　四是不畏艰难困苦的品格。乔登江辞别家人，为了我国的核弹事业去往新疆戈壁滩。那里"地上不长草，风吹石头跑"，"一年一场风，从春刮到冬"。在极差的生活、工作条件下，乔登江废寝忘食夜以继日地工作着。整整25年，除了一年一个月的探亲假，他和妻儿一直过着天各一方的生活。为了给潜艇安上"核心脏"，赵仁恺和他的同事们扎根四川的崇山峻岭之间，克服了难以想象的困难，顺利完成了陆上模式试验。潜艇的"核心脏"安上了，而他自己却得了心脏病。何凤生为解决劳动者疾苦，多年间带领学生下矿山，进农村，不辞辛劳。哪里发生群体性职业病，哪里就有她汗渍斑斑的背影。她以自己的言行为学生们树立了一代科学家的榜样。

  一个民族和国家的健康发展，知识分子是重要的导引力量。在世界文明激烈冲突和中华民族伟大复兴的大背景下，如果少了知识分子的良知和良心，民族和国家的前行将遭遇迷茫。而知识分子，也应该从民族计，从长远计，从子孙后代计，担当起社会的良知和良心，不能患得患失，而要心忧天下，敢于担当社会道义，尽自己的力量推动社会进步发展。这些院士，以自己对科学的追求，很好地演绎了这一道理。

  南京人对梅花可谓是情有独钟，现梅花已被列为南京的市花。在紫金山南麓的梅花山，每到初春，花如雪，梅似海，暗香浮动，香飘十里。它凌寒而独放，体现了坚忍不拔的精神，同时不和百花在春季争芳斗艳，也可以见其谦虚品格。无论怎样的风雪，它都能毅然开放，这种无畏和傲骨更是难能可贵的。梅花象征着希望，是严冬的一道风景；象征着拼搏，是困境的奋发图强；象征着高节，是悠然的淡泊名利。在这些院士身上，我们看到的正是梅花的品质和精神。

任兮<br>2021年10月